衝撃ルポ 介護大崩壊

お金があっても安心できない!

甚野博則

宝島社新書

まえがき

2024年9月13日、部屋のテレビをつけると画面の中央に岸田文雄内閣総理大臣（当時）の姿があった。

この日、午前10時から官邸で開かれた高齢社会対策会議で岸田総理が挨拶を行っていたシーンだ。高齢社会対策会議とは、内閣総理大臣をトップとし、各大臣や官房長官などが委員に任命され、高齢社会対策の推進を議論する場である。簡単にいえば、政府が今後、高齢化にどう対応すべきかの大枠を意見し合う会議のことだ。

そこで中央の席に座った岸田総理はこう語った。

「えー、年齢によって支える側と支えられる側を区別するのではなく、えー、すべての人がそれぞれの状況に応じて支える側にも支えられる側にもなれる、えー、そのような社会を目指していくことが、ま、必要です」

原稿を棒読みしている岸田総理の姿を見て、何ひとつ心に響くものを感じなかった。内容に具体性がなく、当たり障りのない言葉をつなぎ合わせただけにしか聞こえなかったからだ。

それだけではない。岸田総理は、言葉の裏に隠された真意を、わざと包み隠しているかのようだった。

介護保険料の引き上げ、医療費の窓口負担割合の拡大、高年齢者雇用の制度改正など、今後の高齢化社会を見据えて、政府が国民や企業にさらなる負担を強いていくことは確実だ。だがこの国のトップは、そうした意図をはっきりと説明せず、曖昧な言葉でのらりくらりとテレビカメラの前で挨拶をするばかりだった。

日本は、一体いつまで同じような議論を繰り返しているのだろうか。この会議は、1995年に施行された高齢社会対策基本法により設置されており、すでに37回も行っていた。その間に、高齢社会は急速に進み、社会にさまざまな歪《ひず》みが起きている。その大きな歪みの一つが介護だ。38回に及ぶ会議を続けているにもかかわらず、とくに介護をめぐる状況は、良くなるどころか年々悪化するばかり。のらりくらりとやり過ごしてきた対応のツケが、今、急速に表面化しているのだ。

1997年に制定され、2000年からスタートした介護保険制度。介護保険法の第一条には、その目的がこう記されている。

〈この法律は、加齢に伴って生ずる心身の変化に起因する疾病等により要介護状態となり、入浴、排せつ、食事等の介護、機能訓練並びに看護及び療養上の管理その他の医療を要する者等について、これらの者が尊厳を保持し、その有する能力に応じ自立した日常生活を営むことができるよう、必要な保健医療サービス及び福祉サービスに係る給付を行うため、国民の共同連帯の理念に基づき介護保険制度を設け、その行う保険給付等に関して必要な事項を定め、もって国民の保健医療の向上及び福祉の増進を図ることを目的とする〉

こうした目的をもって、現在も介護保険法の下で、さまざまな介護が実施されているわけだ。

ところが今、この目的と現実は大きくかけ離れてしまっている。

例えば、法の目的である「必要な保健医療サービス及び福祉サービスに係る給付」を提供することはすでに困難になっている。介護人材の慢性的な不足は深刻な状況に陥り、厚生労働省が２０２４年７月に公表した推計によれば、２０４０年度には約57万人の介護職が足りなくなるという。こんな状況では必要な保険医療サービスが受けられそうにないことは誰の目にも明らかである。さらに今、社会保障費が圧迫されていることは周知のとおりだ。とくに地方の過疎地では、必要な医療・福祉サービスが不足しているため、介護保険料を支払っているにもかかわらず公平なサービスを受けられない高齢者がいるという現実がある。

尊厳についても守られているとは言い難い。介護保険法には「これらの者が尊厳を保持し、その有する能力に応じ自立した日常生活を営むことができるよう」と記されているが、介護施設などで高齢者虐待のニュースがたびたび報道されているように、尊厳が踏みにじられている現実は相変わらずである。また、老老介護が急増している現状を見ても、自立した高齢者同士が日常生活を営んでいるなどとは到底いえない。本来受けるべき適切な支援やサービスが欠如しているため、仕方なく高齢者が互いに介護負担を担っているのだ。こうした現状は、介護保険法の目的である「自立した日常生活」などとは程遠く、高齢者の自立を支援する環境が十分に提供されていないことを示している。

さらに付け加えれば、「国民の共同連帯の理念に基づき介護保険制度を設け」とあるが、今起きている深刻な介護離職の問題は、必要な介護支援が社会全体で提供されていないことの表れだ。全国民で支え合う理念は立派だが、実際には要介護者や家族に過大な負担がかかっている。

まさに今、介護保険法の目的と現実が大きく乖離《かいり》し、高齢者の「福祉の増進」さえも十分になされていないのだ。

「殺して楽にしてあげようと思った」

大阪市西成区の住宅型有料老人ホーム「U」の一室で、85歳の夫を絞殺したとして、同居する81歳の妻が逮捕されたのは2024年9月13日のこと。岸田総理が高齢社会対策会議に出席していた、まさに同じ日だ。持病があったとされる夫の介護に疲れた妻は、警察の調べに対して、「夫の将来を考えると不安しかなかった」と供述している。

事件が起きた「U」のホームページには、こう記されていた。

〈同じ建物の一階に、訪問看護ステーション、ヘルパーステーション、デイサービス、ケアプランセンターが併設されており、医療と介護の両方面から入居者様の安心な暮らしをサポートしています〉

〈複数の介護事業所を併設することで、介護と看護への安心をご用意！　看護師による対応も24時間可能となっており、最期まで不安なく暮らしていただけます〉

この施設に入居すれば充実した介護サービスを提供してくれ、安心した老後が送れそうである。だが、同時にこんな疑問も浮かぶ。

24時間対応の老人ホームに夫婦で入居しているのに、妻はなぜ夫の将来を不安視するのだろうか、と。もちろん、その理由は今後の裁判で徐々に明らかになっていくだろう。だが、こうした事件が起こる背景には介護保険制度の見えない〝落とし穴〟が潜んでいるからではないかと思えてならない。

私が介護問題を本格的に取材始めしたのは、2022年6月からだ。自分の親の介護の体験に触れながら『週刊文春』誌上で不定期連載を始めたのがきっかけだ。その後、連載をまとめた拙著『実録ルポ 介護の裏』(文春新書)や『ルポ 超高級老人ホーム』(ダイヤモンド社)を出版するにあたり、多くの介護施設や、そこで働く人々、介護される高齢者たちやその家族を取材した。そこで見えたものの一つが、介護保険制度のさまざまな〝落とし穴〟や〝闇〟だった。介護保険を不正請求している施設が横行し、それを取り締まれないでいる国や行政の姿も、その一つだ。

本書では、介護の世界に潜む数々の問題点をクローズアップしている。そして介護の危機を身近に体験した多くの人の声にも耳を傾けた。介護とは、身体的なケアだけを意味するのではなく、人間がその人らしく生きることを支える行為だ。生命の尊厳に対する最も純粋な敬意でもある。そんな介護をめぐる状況が、すでに崩壊しつつあることを、改めて記したい。

目次

第二章 人手不足の絶望的な現実

第三章 閉ざされた介護

第四章　介護とカネ

第五章　死のタブーと壊れる家族

帯デザイン／原田恵都子（Harada+Harada）
本文DTP／一條麻耶子

第一章　高齢者が高齢者を介護する時代

介護とは「死」の前段階

「よく頑張ったね」

棺《ひつぎ》の中で眠るご遺体に、そっと話しかける女性。手に持っていた花びらを棺の中に添え、目を閉じて手を合わせたのは介護士の鈴木涼子さん（仮名）だ。取材時に65歳だった鈴木さんも、いわゆる高齢者。仕事柄、自分が介護を担当した高齢者が亡くなることは、もう何度も経験している。だが、何度経験しても、胸が締めつけられるほどの寂しさに襲われるという。葬儀では、まだ元気だった頃の故人を思い出し、涙が止まらないこともあるそうだ。

この日、最期のお別れを済ませた鈴木さんは、これから再び職場に戻る。駅に向かって歩きながら、彼女は一言こう話した。

「頑張った先に死があるんですよね」

一体どういう意味なのだろうかと思っていたら、鈴木さんは続けた。

「私たちは、いつも利用者さんに『頑張って』と声をかけ、励ましています。でも私は何に対して頑張ってほしいと思って声をかけていたのかと、歳を重ねるごとに考えるようになったんです。リハビリを頑張るのか、毎日を生きることに頑張るのか。病気と闘うのを頑張るのか。頑張っても、人は必ず亡くなるでしょ。身体が弱ってくると好きなものも食べられない。家族とは疎遠になって、面会に来てもらえない人も多い。病院に運ばれれば、身体中に管を巻かれ延命される。痛くて苦しい状況を見て頑張ってほしいとは思いますが、伝えたいのはその言葉じゃないような気がするんです。本当は、頑張ってというよりも、最期の瞬間まで人生を楽しんでということを伝えたいんじゃないかって」

　鈴木さんの言葉は今も印象に残っている。介護の先には死がある。介護は死を迎える前段階を指すともいえる。だが、高齢者を前にして死について語るのは躊躇《ちゅうちょ》しがちだ。本当は、介護される本人と家族が、死についてもっと語るべきではないかと思う。

　どう死にたいかを考えることは、どう人生を全うしたいかを考えることでもあるはずだ。そして、どう人生を全うしたいかを考えると、今度はどんな介護をされたいかということにもつながってくる。ところが、どんな介護をしてほしいのかという本人の要望を叶えるのが年々難しくなってきている。その理由の一つに、介護の担い手たちが不足し、さらに高齢化しているという問題があるからだ。それは、在宅での介護も、施設での介護も同じだといえる。

内閣府がまとめた『令和5年版高齢社会白書』によると、要介護者等から見た主な介護者の続柄は、同居している人が54・4％となっている。その主な内訳は、配偶者が23・8％で、子が20・7％。そして男性が35％、女性が65％と、女性が多い。また、要介護者等と同居している主な介護者の年齢について見ると、男性では72・4％、女性では73・8％が60歳以上であり、「老老介護」のケースが相当数存在していることがわかる。

2019年の内閣府の調査によれば、同居している主な介護者が一日に介護に費やす時間について、「必要なときに手を貸す程度」と答えた割合が47・9％と最も多かったが、「ほとんど終日」介護を必要とするケースも19・3％にのぼっている。

比較的介護度の軽い「要支援1」から「要介護2」までは「必要なときに手を貸す程度」が多いが、介護度の重い「要介護3」以上になると「ほとんど終日」介護が必要となる割合が高まり、要介護4では45・8％、要介護5では56・7％に達している。

家族の介護や看護を理由に離職した人数も依然として高く、2016年10月から17年9月までの1年間で約9・9万人が離職している。そのうち、女性の離職者は約7・5万人で全体の75・8％を占めており、介護の負担がとくに女性に偏っている状況が浮き彫りになっている。

特養、サ高住、老健……介護施設は何が違うのか

では介護施設の職員の高齢化についてはどうだろうか。一言で老人ホームといっても、実にさまざまな形態の施設があるため、まずは主な老人ホームについて補足する。

高齢者施設の代表的なものだけで、特別養護老人ホーム（特養）、サービス付き高齢者向け住宅（サ高住）、介護付き有料老人ホーム、介護老人保健施設（老健）、シニア向けマンション、デイサービス（通所介護施設）など多岐にわたる。それぞ

れの施設で何が違うかといえば、入居者にとって最も関係するのが、入居条件、金額、入居期間、契約形態などだろう。また、施設の経営側にとっては、監督官庁、補助金の有無、集客力、介護保険の加算点数といったところだ。

まえがきで記した老老介護の末に殺人事件の現場となった「U」は、住宅型の有料老人ホームと報道されている。住宅型有料老人ホームと聞くと、月々の家賃や食費を支払えば、24時間看護師や介護士がサポートをしてくれる老人ホームなのだろうと想像する人も多い。だが、実際には違う。

「U」のホームページを改めて見てみると、夫婦が一部屋に入居した場合、敷金16万円、家賃4万4000円とある。かなり格安だ。この他に管理費4万4000円、食費8万円と記載されているが、ここには肝心なことが記されていない。介護費用が別にかかる、ということが説明されていないのだ。介護士にお願いするためには、別途費用がかかる。また同一建物内に訪問看護ステーション、ヘルパーステーション、デイサービスなどがあるが、そうした施設を利用するためには追加料金がかかる。もちろん追加費用の大部分を介護保険でカバーするという仕組みだが、こうした介護サービスは利用しなければ何のサービスも受けられず、ただそこに住んでいるだけに等しい。

安価&入居待ち!? 公的施設「特養」の真実

高齢者施設のなかでも人気とされるのが特養だ。

特養とは、高齢者が安心して生活できるよう、日常生活全般にわたる介護サービスを提供する公的な介護施設である。特養は介護保険法に基づく「指定介護老人福祉施設」として位置づけられており、地方自治体や社会福祉法人が運営しているケースが多い。指定介護老人福祉施設とは、介護保険法に基づき都道府県知事から指定を受けた施設であり、公的な支援の下で運営されている。この指定を受けることで、介護保険サービスを提供する正式な施設として認められ、高齢者に対して質の高い介護サービスを提供する責務を持つ。

特養への入所には、原則として要介護3以上の認定が必要であり、とくに在宅での生活が困難な高齢者を優先的に受け入れている。施設では、食事や入浴、排泄などの日常生活の支援だけでなく、機能訓練や健康管理、レクリエーション活動なども行われ、生活の質の向上を図っている。

特養は何よりも、公的な介護施設であるという点から、民間が運営する介護施設よりも料金設定が安価だ。そのため入居待ちが多く、希望しても何年も待たされるというイメージを持っている人も多いだろう。

ただ、実際はそんな単純な話でもない。なかには民間の介護施設より安価とはいえない特養もあり、常に空きがある特養もあるのだ。

奈良県の特養の施設長はこう話す。

「特養は1年待ちともいわれていますが、うちのような田舎の施設は今も空きがありますよ。うちには大部屋とユニット型個室といわれる半個室みたいな部屋があり、一般的には個室のほうが埋まっているとされています。ところがうちは、大部屋のほうが満床で、個室が空いているんです。より安い部屋を希望される人が多いからでしょう。そうしたニーズも地域によって違うと思います」

一方、東京都心の某特養は、現在満床で「半年くらいはお待ちいただく」（担当者）

というから、地域のニーズによって「特養には入り難い」と一概にはいえないのである。

新形態の高齢者向け住宅「サ高住」

特養と同じく高齢者施設の代表格が、サ高住だ。このサ高住は、高齢者が安心して暮らせるよう設計された賃貸住宅であり、生活支援サービスやバリアフリー設備が整っている住まいである。この住宅は「高齢者の居住の安定確保に関する法律」に基づき、国土交通省と厚生労働省が共同で所管しており、一定の基準を満たした施設が登録されている。

サ高住は、自立した生活が可能な高齢者を主な対象としており、必要に応じて介護サービスや生活支援サービスを受けることができる。具体的には、安否確認や生活相談サービスが提供され、緊急時にはスタッフが迅速に対応できる体制が整っている。また、建物自体もバリアフリー設計で、手すりや車椅子対応の設備など、安全面に配慮した構造となっているのも特徴だ。

一般的な有料老人ホームとの違いは、サ高住は賃貸借契約に基づく住まいであり、月々の家賃やサービス費用を支払う形態となっている。一方、有料老人ホームは入居一時金や高額な月額費用が必要となるケースが多く、介護や看護サービスが包括的に提供される施設もある。

特養は要介護度の高い高齢者を対象に、24時間体制で介護サービスを提供する公的な施設であることは先ほど記した。それに対し、サ高住は自立した生活を維持しながら、介護サービスや医療支援が必要な場合は、訪問介護や訪問看護を受けることができる。このように、サ高住は「住まい」と「サービス」を組み合わせた形態の高齢者向け住宅といえるだろう。

近年の高齢化率の上昇に伴い、サ高住の数は増加している。国交省のデータによれば現在、全国のサ高住の登録数は８０００棟以上あり、居住可能なユニット数は約29万戸あるとされている。これは、２０１５年から増加を示しており、今後もさらなる需要の増加が予測されている。こうした背景には、日本の高齢化の進展と、介護施設の不足があるのは言うまでもない。サ高住は高齢者の選択肢を広げる新たな居住形態として注目されている。

ただし、サ高住にはいくつかの課題も存在する。まず、費用面での問題がある。サ高住は賃貸住宅であるため、有料老人ホームよりも入居費用が安いとされているが、地域によっては高額な家賃が設定されている場合もある。また、家賃の他に管理費やサービス費がかかるため、全体的な費用負担が大きくなることもある。とくに都市部では、高齢者の年金だけでは生活費を賄えない場合があり、家族によるサポートが必要となるケースも少なくない。

さらに、介護サービスの質にばらつきがあることも指摘されている。サ高住では、介護サービスが外部の事業者から提供されることが一般的であり、その質は事業者によって異なる。あるサ高住では高品質な介護が提供されていても、別のサ高住では十分な支援が行われていないというケースもある。このため、入居前に事前にサービス内容をしっかり確認し、信頼できる事業者がサービスを提供しているかどうかを見極めることが重要になってくる。

また、サ高住は重度の介護が必要な高齢者には不向きであることもデメリットだ。サ高住は「介護付き有料老人ホーム」とは違い、24時間の介護が必要な高齢者には十分な支援が提供できない場合がある。見守りサービスや生活相談サービスはあるものの、重度の要介護状態になった際には、別の介護施設に移る必要があるケースもある。

ところが、サ高住には、重度の介護者が多く入居するケースが一部で見られるのも事実だ。近隣の特養に空きがないこと、家族の自宅に近い高齢者施設がサ高住しかなかったなど、利用者によるさまざまな事情で重度の要介護者が入居しており、サ高住側も、そうした事情を知っていながら受け入れている現実もある。

「サ高住」のリスクとは?

ある介護従事者が語る。

「本来、サ高住は介護度が低く自立した高齢者が生活する場でした。ですので、日中のみ職員が常駐し、夜間は緊急通報装置を設置していれば職員が常駐する必要はありませんでした。しかし国は、いろいろと迷走しており、数年前から日中も職員を常駐させなくてよいとの方針を打ち出しました。その背景には介護職員の人手不足があるからです。しかしサ高住には、介護度の高い高齢者が住んでいる実態もある。そこで、日中に職員を常駐させないのはマズイということになり、今度は省令で厳格なルールをつくった。例えば要介護者が住んでいるサ高住には職員の常駐が必要だが、入居者の同意があり通報装置がすべての部屋に設置されているなどの条件を満たした施設は、日中も職員が常駐しなくてもよい、などと決めました。今後も状況の変化に応じて、こうしたルールはコロコロと変わっていく可能性はあります」

また最近の傾向として、サ高住の供給過剰と経営難も問題視されている。サ高住は国の支援を受けて整備されるが、地域によっては需要を上回る供給が行われており、入居率が低迷しているケースも見られる。とくに地方部では、高齢者の人口減少に伴い、サ高住の運営が難しくなることが懸念されている。

このような状況のなか、サ高住事業者の経営が不安定になることで、サービスの質の低下や突然の運営停止といったリスクも高まっている。

サ高住の制度が導入されて10年以上が経過したが、その間に多くの高齢者がこの住まいを選択してきた。国交省と厚労省の報告によると、サ高住の利用者は増加傾向にあり、将来的にはさらなる需要の増加が見込まれている。しかし、運営事業者の管理体制やサービスの質にばらつきがあること、経営難による閉鎖リスク、費用負担の高さなど、解決すべき課題も多く残されている。

介護事業者の倒産件数が過去最多

このように老人ホームにはさまざまな形態があるが、訪問介護事業者も含めれば、多くの介護事業者は経営面で非常に厳しい状況にある。近年、老人福祉・介護事業者の倒産件数が急増しているのだ。

民間調査機関の東京商工リサーチが２０２４年10月7日に、こんなレポートを公表している。

〈2024年度上半期の「介護事業者」倒産 95件で最多に 「訪問介護」46件を中心に、記録的な増加〉

介護事業者（老人福祉・介護事業）の倒産が止まらない状況で、その数は同年10月に年間最多を更新する見込みとなったというのだ。

同社によると、2024年度上半期（4月から9月）における介護事業者の倒産件数は95件に達し、前年同期比66・6％増となった。この数字は過去最多であり、とくに「訪問介護」の倒産が46件と急増していることが顕著だ。

さらに3カ月後の2025年1月9日、同社は次のようなレポートを公表した。

〈2024年「介護事業者」倒産が過去最多の172件 「訪問介護」が急増、小規模事業者の淘汰加速〉

同社のレポートによると、2024年における介護事業者の倒産件数は172件に達し、過去最多を記録したことが明らかになった。これは前年と比較して40・9％もの大幅な増加であり、2022年に記録した過去最多の143件を29件も上回る深刻な状況だというのだ。

とりわけ目立って増加しているのが「訪問介護」の倒産だ。前年比20・8％増の81件に達し、こちらも過去最多となった。その背景として、長期間続くヘルパー不足に加え、集合住宅型介護施設との競争の激化があげられる。

また、「通所介護（デイサービス）」の倒産も前年比36・5％増の56件に達し、「有料老人ホーム」は18件と前年を上回り、介護業界における主要サービス分野の倒産が軒並み増加している。

介護保険制度が始まった2000年以降、介護事業者の倒産は増加傾向にあり、2016年には初めて年間100件を突破。その後、新型コロナウイルス感染症拡大の影響によって利用者数の減少や運営コストの上昇が追い打ちをかけ、2024年には経営支援策の効果も薄れ、これまでにない最悪の事態となっている。

倒産した事業者の規模を見ると、資本金1000万円未満の小規模事業者が全体の86・6％で、従業員10人未満が83・1％、負債総額1億円未満が77・9％と、小規模事業者が倒産の中心となっており、介護事業の市場淘汰が加速している実態が明らかになった。同社は、今後、「介護難民」が増える可能性もあると記しており、経営基盤が脆弱な小規模介護事業者への支援策が急がれる。

こうした状況下では、国や自治体による支援が欠かせないだろう。効率化や人材獲得のための支援策が講じられなければ、倒産の増加はさらに加速する可能性が高いのは言うまでもない。介護施設の崩壊の連鎖は利用者やその家族に深刻な影響を及ぼすからだ。

無責任な運営と職員の高齢化

〈施設閉鎖のお知らせ〉

そう書かれた一枚のペーパーが都内の高齢者施設に張り出された。東京都足立区にある住宅型有料老人ホーム「J」の社長が忽然《こつぜん》と姿を消したことを、フジテレビの番組『イット!』がスクープしたのは2024年10月だ。「見捨てられた老人ホーム」と題して連日報道していたことを覚えている方もいるだろう。報道によると、職員に給料を払わないまま社長が行方をくらませ、当時30人近くの職員が退職したという。困ったのは残された90人以上の入居者やその家族だ。

当初の報道では施設の名前こそ伏せていたが、この施設について知り合いの介護関係者に聞くと、すぐに「J」だとわかるほど、業界内でも話題になっていたという。この施設は2023年10月にオープンしたばかりだといい、多くの老人ホーム紹介サイトで、同施設が掲載されていた。複数の紹介サイトでは、〈要介護度や医療依存度が高い方でもご入居できるよう万全の体制を整えています〉〈安心して過ごせる生活環境で穏やかな暮らし〉などとPRされており、清潔感があり安らげる施設という印象を抱かせるものだった。ところが実際は安心とは程遠い運営体制だっただけに、こうした紹介サイトの広告に基づいた情報は、たいしてあてにならないことを物語っている。

さらにこの施設の運営会社は他県でも介護関連施設を経営しており、自社のホームページには、こんなキャッチコピーが躍っていた。

〈「安心した生活を送ることができる」をつくる〉

こうした無責任な運営をしているケースは多いが、施設をめぐる問題は他にもある。

「どこの施設でも、職員が高齢化しています」

そう話すのは先に記した奈良県にある特養の施設長。職員の高齢化に頭を悩ませているというのだ。とくに地方の介護施設が顕著だと施設長は語った。

「まず、人を募集しても集まらない。この辺りのコンビニを見てもらうとわかりますが、外国人のアルバイトばかりです。若い人は都心に出て行ってしまうため、街全体が若者の労働力不足に悩んでいます」

そうしたなかで、とくに重労働で低賃金のイメージが根強い介護業界に、若者が来る可能性は今後も低いと話す。

介護労働安定センターが実施した2022年度の介護労働実態調査によると、介護労働者の平均年齢は50歳に達しているという。職種別に見ると、最も平均年齢が高いのは訪問介護員で54・7歳だ。次いで看護職員が52・2歳、介護支援専門員が53・0歳と、いずれも50歳を超える結果となっている。他の職種でも40代後半から

50代前半の年齢層が中心を占めており、データの上でも介護職員の高齢化は顕著だ。

「資金力のある施設では、海外に研修施設をつくって、そこで教育した外国人スタッフを自社の介護施設に連れて来るという試みをしている。また、国内に介護の学校をつくって、自前でスタッフを育てるという企業もありますが、それも稀《まれ》なケースですし、他の介護施設が容易に真似をすることはできません。うちでも数年前、やっと若いスタッフが1名入ってきたので大切に育ててきたのですが、最近、辞めてしまいました。若いスタッフをどうしたら定着させられるかが、難しい問題になっています」

こうした人手不足は周辺の介護施設も同様で、とくに若い介護職が定着しないのだと、この施設長は嘆いた。

89歳の妻を94歳の夫が殺害

問題が山積しているのは施設だけではない。介護をめぐる現場では、自宅で高齢者が高齢者を介護する例が増え、老老介護が引き金となって事件に発展するケースも少なくない。例えばこんな事件が起きている。

北海道札幌市で当時89歳の妻を殺したとして、94歳の夫が逮捕された。事件が起きたのは2023年11月。年下の妻は約4年前から認知症を患っていたという。妻の介護にあたっていた夫は、介護疲れからうつ病を発症。介護を続けることも、施設に入れることも難しいのではないかと将来を悲観し、妻の首に紐《ひも》を巻きつけることを選んだ。夫は数分間にわたり妻の首の紐を絞め、その後、自殺を図るが死にきれなかった。翌日、自ら警察に通報し逮捕された。

さらに、こんな事件も起きた。

「母親の首を絞めて殺しました」

そう言って女性が110番通報したのは2024年7月の午前7時前だ。警察が東京都立川市の住宅を訪れると、102歳の母親が寝室のベッドで倒れていたという。通報した娘は当時70歳。母親が自らポータブルトイレに移動することができなくなり、体重が重い母の介助を娘が行うようになっていた。娘は警察の調べに対して「介護がきつくなって殺した」と肩を落とした。

同年9月には、北海道北見市でもこんな事件が起きている。

「妻を殺《あや》めてしまいました」

そう言って交番に出頭してきたのは、81歳の男性だ。近くの集合住宅に夫婦で住んでいたこの男性が、94歳になる妻を殺害し逮捕された。妻はベッドに仰向けになったままの状態で見つかり、死後数日間放置されていたという。男性は警察の調べに対して「介護が疲れた」と犯行の動機を話している。

これらは老老介護の末に、最悪な結末を迎えた一例だ。こうした報道は近年、後を絶たない。もちろん事件にまで発展しなくとも、すでに極限まで追い詰められている高齢者が今も多くいることは想像に難くないのだ。

超高級介護施設での「事件」

老老介護をめぐっては、2024年に私が取材した高級老人ホームでも、こんなエピソードがあった。

広大な敷地に建つシニアレジデンス（仮名）はサービス付き高齢者向け住宅（サ高住）で、介護・医療と連携して高齢者を支援するサービスを提供する住宅である。

吹き抜けの天井に広々としたロビー。見晴らしのよいテラスからは街の夜景が一望できる。露天風呂やプール、大きなメインダイニングは、まるでリゾートホテルで優雅なひとときを過ごしているかのような気分に浸れるのが特徴だ。

高額な部屋で、入居一時金が億円を超すだけに居住者は、中小企業の経営者をはじめ、元大手商社マンや不動産業、株投資で富を築いた資産家や、その妻たちが多いという。

一見すると、選ばれし者が集まった邸宅で、セレブなシニアライフを満喫しているかのようだ。しかし、日々の暮らしは決して優雅とは言い難く、さまざまな〝事件〟が起きていた。

「知り合いの奥様が、介護棟に入っているご主人のもとへ面会に行かれたときのことです。19時頃だったそうですが、介護棟の玄関先で職員から『さっきまで、ご主人様はここで元気に遊んでいらっしゃいましたよ』と声をかけられたと言います」

そう話すのは元入居者・金松伸子さん（仮名）だ。彼女を取材したのは2024年9月のこと。金松さんの知り合いの婦人も高齢で、夫婦の介護負担を減らすためシニアレジデンスの敷地内に建つ介護棟で夫だけが生活していたという。そこで起きた事件について、彼女はこう続けた。

「奥様は、普段から介護棟の職員から話しかけられたことがほぼなかったため、突然の声かけに違和感があったと後に話していました」

この女性が、そのまま夫の居室へ向かうと、口と目を見開いたままの夫が就寝していたという。

「奥様が『貴方、口を閉じなさいよ』と言って、顎のところに手をやるとすでに冷たくなっていたそうです。慌てて職員を呼ぶと、駆けつけた職員が『奥様が（死亡を）見つけられたから警察は呼ばなくてよろしいですね』と言ったそうです」

女性は気持ちが動転しており、頭が真っ白のうちに事態が進んでいったという。その後、到着した医師から死亡が宣告された。

「後に奥様から当時の話を聞くと、ご主人は栄養を管で摂っていたのに、管が外れていたそうです。酸素呼吸のマスクもなぜか遠くに置いてあった。不審に思った奥様が1カ月ほど過ぎてから施設に事情説明を求めたそうです。ただ施設側の対応は曖昧で、『さっきまで元気に遊んでいた』と証言していた職員も、いつの間にか退職されていました。そもそも普段から寝たきりのご主人が夕食時に玄関で遊んでいることと自体がおかしいのです」

もちろん今となっては何が事実かはわからない。ただ、職員と入居者の間でこうした類の行き違いがもとでトラブルになっているケースが、この施設には多いのだと金松さんは話す。

高齢者同士が支え合う現場では、家族の負担が大きくなり、介護職員とのコミュニケーション不足がトラブルを引き起こすこともある。高額な入居金を払っても、最終的に支え合うのは年老いた夫婦同士。高級老人ホームであっても、老老介護の厳しい現実は避けられない一例だ。

「精神的苦痛」が介護者を絶望に追いやる

老老介護とは、介護する側、される側がともに65歳以上のケースをいう。厚労省が2023年に公表した調査では、介護を行っている同居世帯のうち、実に63・5%が老老介護だというのだ。厚労省は同様の調査を2001年から行っているが、老老介護の割合が初めて6割を超えた。今後もその割合は増えていくのだろう。そうした老老介護には、多くの根深い問題が絡み合っている。

例えば介護する側の精神的負担は、今日の日本社会における介護問題の核心の一つだ。とくに、家族介護においては「老老介護」がもたらす精神的な苦痛は、見過ごされがちな重大な問題である。

次に挙げるのは、かつて取材した高齢者夫婦の例だ。

「朝から晩まで休まる時間がありませんよ」

そう話すのは80歳の女性。彼女は90代の夫の介護を10年ほど続けてきた。今でこそ、夫は特養に入所しているため彼女の負担は軽減しているが、かつては本当につらかったと当時の様子を振り返った。

「朝、夫が目を覚ますと、すぐに介護の日課を始めなければならなくてね」

夫が認知症を患っているため、何度も同じ質問をしてくるという。

「今日は何曜日だ?」

「ご飯はいつ?」

そのたびに妻は同じ答えを繰り返すが、次第にイライラが募る。妻が答えても夫は満足せず、また同じ質問をしてくる。この繰り返しは彼女に精神的な消耗をもたらしていることは言うまでもない。最初は辛抱強く対応できた妻も、数カ月、数年と経つうちに限界を迎えるだろう。朝起きてから夜寝るまで、夫の世話と、同じ質問に答えることが彼女の生活のすべてになり、外出や趣味を楽しむ時間など全くないと嘆いた。

日中、夫は食事中に何度も食器を倒し、食べ物を床に落とす。それを片付ける妻は、ただ黙々と作業を続けるが、心の中では「もうこれ以上は無理だ」という思いが募っていくそうだ。

認知症の介護では、こうした小さなトラブルが日常茶飯事であり、それに対応する介護者の心の中にはストレスが積み重なっていく。

そのストレスがピークに達するのがとくに夜間だという。寝静まるはずの夜も、夫は時折徘徊を始めた。扉に鍵をかける必要があるが、夫は外に出たがり、何度もドアノブに手をかける。そのたびに妻は目を覚まし、夫をベッドに戻す。こうしたことが一晩中続き、妻は一睡もできないことが多いという。日中の介護と夜間の見守りの両方が重なることで、妻は自らの健康を保つことができなくなっていった。

夫の介護に没頭するあまり、自分の身なりに気を使う余裕すら全くなくなっていたという。自分がどれほど疲れているのかを感じながらも、誰にも相談できず、誰も助けてくれないという孤立感が一層強くなる。彼女の一日は、夫の介護で始まり、夫の介護で終わる。その繰り返しが続き、彼女は自分を失い続けていったという。

事態はさらに深刻化する。認知症の進行によって、夫は次第に暴力的な言動を取るようになったのだ。妻が一生懸命に介護をしているにもかかわらず、夫は突然怒り出し、物を投げたり、手を出すような仕草をしたこともあるという。介護する側からすれば、長年連れ添ったパートナーに暴言や暴力を振るわれることは精神的に非常につらく、心の傷が深まる。妻は「どうして私がこんなことをされなければならないのか」と思いながらも、介護を続けるしかないという現実に直面していたと振り返った。このような精神的苦痛は、介護者を深い絶望に追いやっていく。

「介護をする前に殺そうと思った」

こうした状況に置かれた老老介護の現場では、介護者自身が「自分も高齢者である」という事実に気付いているが、それを他者に伝えることができずにいるケースがある。若い世代の介護者であれば、まだ体力的・精神的に余裕があり、介護の負担をある程度負うことができる。しかし、70代や80代の介護者にとって、日々の介護は自分自身の健康を犠牲にして行うものであり、耐え続けるには限界があるだろう。

産経新聞（2024年10月10日付）に、気になる記事があった。

〈「介護が始まる前に…」家事をしてこなかった87歳夫は、81歳妻を手にかけた〉

という見出しの記事だ。２０２４年9月に東京地裁で開かれた殺人事件に関する裁判の内容を報じたものである。概要を簡単に紹介しよう。

この事件は、87歳の夫が家事や介護の経験がないことから、将来妻の介護を担うことに強い不安を抱き、最終的に81歳の妻を殺害したものである。２０２３年、東京都内の住宅で発生した事件により、夫は殺人罪で起訴され、東京地裁において懲役8年の実刑判決が言い渡されていた。

夫は結婚から58年間、妻に家事を任せてきた。自身は「米も炊いたことがない」と語るほど家事に不慣れであった。妻は徐々に足を悪くし、外出の機会も減り、介護が現実的な問題となりつつあった。生活は乱れ始め、夫婦間でテレビの音量をめぐる口論が頻発し、介護を含む将来への不安が夫を精神的に追い詰めていたという。

事件当日、昼食をめぐる口論をきっかけに、夫は妻を殺害するに至った。被告人質問において、夫は「介護をする前に殺そうと思った」と明かし、将来の介護に対する強い恐怖心が殺害の動機であったことが示された。

老老介護における精神的なストレスの一因には、他者とのつながりが欠如していることも挙げられる。介護者は、自らの負担を他者に伝えようとしない。

「自分一人で何とかしなければならないと思っていました」

認知症になった夫の介護をしていた前出の女性がそう語ったように、孤立感が介護者をさらに精神的に追い詰める要因となっている。介護者の多くは、高齢であるがゆえに新しい生活技術を身につけることが難しく、家事や介護の基本的な知識が不足していることもある。そのため小さな問題でもうまく対処できず、不安や焦りがつのりやすい。

複雑怪奇な「介護保険制度」

介護保険制度を十分に活用すれば、外部のサポートを受けることは可能である。しかし、現実には多くの家庭で介護保険制度が十分に活用されていない。

訪問介護やデイサービスなど、介護者の負担を軽減するためのサービスが存在するにもかかわらず、「手続きが煩雑」「どんなサービスを利用すればいいのかさえよくわからない」といった理由で、サービスを利用していない家庭も多い。市区町村の窓口で相談すれば、手続きやその後の流れを教えてもらえるが、とくに高齢者同士の世帯では、介護保険制度の利用方法そのものがわからず、自分たちだけで介護を行ってしまうケースもある。

一方で、外部のサポートを受けることができた場合でも、そのサポートが十分でない場合がある。例えば、デイサービスを利用して一時的に介護の負担を軽減しようとする家庭があるが、デイサービスは一日あたりの利用時間が限られており、介護者が完全に休息を取ることができるわけではない。あるいは、日中の数時間をヘルパーに来てもらったとしても、それ以外の時間や夜中に介助を手伝う者はいない。

さらに、デイサービスを利用するためには、事前の予約や手続きが必要であり、利用者数が多い地域では希望する日に利用できないことも多々ある。これに加えて、デイサービスの費用が家計を圧迫することもあり、とくに低所得世帯ではサービスを頻繁に利用することさえ難しいという現実もあるのだ。

こうした状況のなか、介護者が抱える精神的負担はさらに大きくなる。老老介護では、介護者が自らの健康を犠牲にしながら介護を続けることが多く、結果的に介護者自身が体調を崩すケースも少なくない。介護者が倒れれば、介護される側も適切なケアを受けることができなくなり、共倒れのリスクが高まるのは当然だ。共倒れは、介護者自身がケアを受けるべき対象でありながら、適切なケアを受けることができず、孤立してしまうという現実を象徴している。

老老介護においては、「孤立感」が大きな課題だ。とくに地方や過疎地域では、周囲に頼れる親族がいないことが多く、介護者が孤立するケースが頻繁に見られる。地域社会の支援が乏しい場合、介護者は自分一人ですべての責任を抱え込み、「誰かに頼りたい」という思いを持ちながらも、外部に助けを求めることに対して強い抵抗を感じることが多い。介護者は「自分でやらなければならない」と思い込み、精神的な負担が増していくが、これが結果として介護の質の低下や心の疲弊につながる。誰にも助けを求めることができず、外部の介護サービスにアクセスすることも難しい状況では、介護者の精神的な負担が極限に達することは避けられない。

老老介護における「5つの壁」

介護の現場で高齢者同士が直面する問題は、身体的な負担だけではない。かつて取材をした70代の夫婦は、自ら体験した5つの問題について語っていた。

この夫婦は当時、年金収入だけで生活していたが、一つ目は経済的な問題に直面したという。夫の木村吉夫さん（仮名）は、妻を介護している。だが、介護用品や医療費が家計を圧迫し、生活費を切り詰めなければならない状況に陥ったと振り返った。

「このままでは自分たちの生活が立ち行かない」

当時、木村さんはこんな不安を漏らしていた。

木村さんは食事の準備や洗濯、掃除といった日常の家事全般を一手に引き受けている。それに加え、妻の食事介助や入浴の補助、排泄の世話など、24時間体制での介護が必要だ。70代という高齢でありながら、体力的にも精神的にも限界が近づいている。腰痛や膝の痛みに悩まされ、自身の健康も不安視しているが、休む暇もない。

「介護サービスを利用したいが、費用が心配だ」

そう木村さんは何度か語っていた。介護保険制度を活用すれば、訪問介護やデイサービスを利用できるが、自己負担額が家計を圧迫する。厚労省の「令和3年度介護給付費等実態統計」によれば、介護サービス利用者の自己負担額は平均で月額約2万円。この金額は、年金収入のみで生活する木村さんにとって大きな負担となっていた。

経済的な問題は、積み重なると大きな出費となる。介護用品や医療費についても同様だ。紙おむつの購入や介護用ベッド、車椅子などのレンタルには費用がかかる。これらの費用は介護保険で一部補助されるが、それでも自己負担が生じる。

木村さんが言う。

「毎月の出費が増えれば、貯金も底をつく。そう考えると不安になります」

二つ目の問題は情報の不足だ。木村さんは、どのような支援制度が利用できるのか詳しく知らなかったと振り返った。市役所へ相談に行っても、専門用語が多く、手続きも複雑で理解しづらいという。

「もっとわかりやすく説明してもらえれば助かるのに」

と木村さんは困惑していた。情報が不足しているために、利用可能なサービスを活用できず、結果的に介護者の負担が増している現実がある。例えば、「ケアマネジャー」という言葉を聞いても、それが何をしてくれる人なのかピンとこない高齢者も多い。ケアマネジャーとは、介護サービスを受けるための計画を立て、適切なサービスを調整してくれる専門職であることはすでに記した。しかし、その存在を知らなければ、相談することもできない。

さらに、助けを求めることに対する心理的な抵抗も問題である。木村さんは「家族のことは自分で何とかしなければ」と思い込み、誰にも相談できずにいた。しかし、無理がたたって自身も体調を崩し、介護される妻も適切なケアを受けられなくなってしまった。このような状況は、老老介護における大きな落とし穴である。

三つ目の問題が、地域のつながりの希薄さだ。かつては隣近所で助け合う文化があったが、高齢化が進むにつれ、周囲の人々も自分たちの生活で精一杯になっていく。とくにそうした傾向は都心部に多い。

「誰にも頼れず、自分たちだけで何とかしなければならない」

孤独を感じたと木村さんは言うが、同じ思いをしているのは彼だけではないだろう。地域の支援が得られないなか、介護の負担を夫婦だけで抱え込むしかない現状を目の当たりにする人は多いはずだ。

精神的なストレスが四つ目の問題だ。木村さんは認知症を患う妻の介護において、突然の怒りや暴言に悩まされていた。「何度も同じことを聞かれ、怒鳴られると心が折れそうになります」と木村さんは語っていた。認知症の症状に対する理解が不十分なまま介護を続けることは、介護者の精神的な負担を大きくしていたのだ。

そして五つ目が、介護者自身の健康問題だ。木村さんは腰痛や高血圧といった自身の持病が悪化しつつあるが、病院に行く時間も取れない。「自分が倒れたら妻はどうなるのか」と不安を抱えながらも、無理を重ねている。介護者が健康を損なえば、介護される側も適切なケアを受けられなくなる。老老介護で最も危険なのが、このような「共倒れ」のリスクがあるということだろう。

介護は社会全体で支えるべき課題

では、こうした老老介護の問題に対して、どのような解決策があるのだろうか。

一般的にいわれているのが、行政や地域社会による支援の強化だ。例えば、「包括」と呼ばれる地域包括支援センターを活用し、高齢者が孤立しない環境をつくることが重要である。包括とは、高齢者の介護や生活支援について総合的に相談できる窓口であり、専門の職員が対応してくれる。本人や家族が、包括を頼るのは一つの方法といえる。

また、介護者自身が助けを求めやすい環境づくりも必要だろう。介護者同士やサポートグループによる交流会の開催など、情報共有や悩みを打ち明ける場を提供することで、孤立感を軽減できる。木村さんも地域の介護者サロンに参加し、「同じ境遇の人と話すことで気持ちが楽になった」と感じているそうだ。だが、実際はそう簡単なことではない。木村さんのように地域活動に参加できればよいほうで、包括を活用するといっても、何を相談したらいいのかもわからないという高齢者がいるのも事実だ。

そうしたなかで、介護に関する情報提供の充実は欠かせない。高齢者でも理解しやすいように専門用語を避けたパンフレットの作成や説明会を開催することも重要だろう。実際に厚労省は「介護サービス情報の公表制度」を設け、インターネットでサービス内容や料金を確認できる仕組みを導入した。しかし、高齢者がインターネットを利用できない場合も多く、効果のほどは不明だ。

さらに低所得の高齢者に対しては、介護サービスの自己負担額を軽減する制度や、生活費の補助も必要ではないか。自治体によっては、独自の支援制度を設けているところもある。なかには市区町村の福祉課に相談し、介護用品の補助を受けられることになった例もある。

介護者が自分の健康を犠牲にしては、長期的な介護は成り立たない。定期的な健康チェックや、リフレッシュのための時間を確保することも大切だ。レスパイトケア（介護者が一時的に介護から離れ、休息を取るためのサービス）の利用も検討すべきである。レスパイトケアを利用することで、介護者は心身のリフレッシュができ、介護の質も向上するかもしれない。

ただし、介護は家庭内の問題ではなく、社会全体で支えるべき課題だ。冒頭に記した介護保険法の第一条の目的にも、そう記されている。職場での介護休暇の取得促進や、地域コミュニティでの支援活動など、さまざまなレベルでの協力が必要であることは言うまでもない。

第二章　人手不足の絶望的な現実

介護を必要とする高齢者は増加し続ける

日本は世界で最も高齢化が進んでいる国だ。その日本の介護現場が崩壊に向かいつつあることは、データや推計からも容易に見て取れる。すでに高齢者の人口増加は、日本全体の問題として浮き彫りになっている。

２０２４年９月、総務省統計局が発表した「統計からみた我が国の高齢者」によれば、日本の総人口は減少傾向にあり、前年に比べて59万人も減少している。それに対して65歳以上の高齢者の人口は、前年から２万人増加し、３６２５万人に達した。この数字は、日本の人口の29・３％が65歳以上の高齢者であることを示しており、過去最高の水準である。

日本の総人口に占める高齢者の割合は世界でも突出して高く、人口10万人以上の２００の国や地域のなかで最も高い。総人口が減少する一方で、高齢者の割合が急速に増加しているという異常事態が、日本の今の姿なのだ。

このような高齢化の進行に伴い、当然ながら認知症患者の増加も無視できない問題となっている。厚生労働省の研究班がまとめたデータによれば、2025年には認知症患者数が471万6000人に達し、さらに2040年には584万人あまりにのぼると推計されている。65歳以上の高齢者の約15%、つまり6・7人に1人が認知症になると予測されているのだ。これにより、介護を必要とする高齢者は今後も増加し続けることは確実である。

認知症を患う高齢者に対するケアは、肉体的なケアだけでなく、精神的・社会的なケアも含まれるため、介護現場の負担はますます大きくなる。私は数年前、ある老人ホームを訪問し、認知症を患う高齢者が入居する施設を見学したことがある。そこで見た光景が印象的だった。入居者は、自分の名前さえ思い出せず、日常生活の基本的な動作さえ困難になっていた。スタッフが懸命に対応しているものの、数人のスタッフで多くの入居者に対応するのは限界があるようにも見えた。

こうした現実に加え、要介護認定を受けた高齢者の数も増加している。2023年3月末時点で、要介護・要支援認定を受けた高齢者は694万人にのぼる。また、居宅サービスや地域密着型サービス、施設サービスを利用している高齢者の数も5

99万人に達している。内閣府がまとめた『令和5年版高齢社会白書』によれば、65歳から74歳の高齢者において要支援・要介護の認定を受けた割合はそれぞれ1・4％、3・0％であるのに対し、75歳以上ではそれぞれ8・9％、23・4％と大幅に増加しているのだ。とくに75歳以上では、要介護認定を受ける人の割合が急激に増えることが明らかになっている。

これらのデータは、介護を必要とする高齢者が今後も増加し続け、介護現場の負担がさらに重くなることを示している。しかも、この数字には老老介護の状態にある世帯や、要介護認定を受けずに介護が必要な高齢者が含まれていないため、実際にはさらに多くの人々が介護を必要としていると推察される。

介護の司令塔「ケアマネジャー」がいない！

介護を必要とする人が急増する一方で、「ケアマネジャー」の数は減少傾向にある。ケアマネとは、介護が必要な高齢者やその家族に対して、適切な介護サービスを受けられるよう支援する専門職であることはすでに記した。正式名称は「介護支援専門員」といい、利用者の状態を評価し、介護サービス計画（ケアプラン）を作成することが主な役割である。また、介護サービス提供事業者との調整や、利用者やその家族への相談対応など、多岐にわたる業務を担っている。介護保険制度の下で、利用者が最適な介護サービスを受けられるようにするための重要な役割を果たしており、逆にいえばケアマネがいなくては介護サービスが受けられない。いわば介護の〝司令塔〟のような存在だ。

そのケアマネが不足しているとの声は現場でよく聞く。2020年度に約18万8000人だったケアマネ従事者は、22年度には約18万3000人と微減しつつある。また、1998年度に行われたケアマネの試験の第1回には約20万7000人の受験者がいたが、2023年度は約5万6000人まで減っている。そして2024年度は前年より4・9％減り約5万4000人だった。受験者減少の背景には、試験の難易度の高さだけでなく、資格取得後の業務の厳しさが影響していると考えられる。

ケアマネの3割超が60歳以上

さらに、ケアマネの年齢構成についても問題が浮き彫りになっている。2022年度のデータによると、60歳以上のケアマネの割合が増加しており、逆に45歳未満の従事者の割合は減少している。60歳以上のケアマネジャーは全体の約33・5％を占めており、今後の定年退職によりさらなる人材不足が懸念される。これに対し、若年層の参入が不足しているため、介護現場における人手不足の問題はますます深刻化することが予想されるのだ。

こうしたケアマネ不足の問題に対応するため、厚労省ではいくつかの対策を検討している。例えば、受験対象となる指定の国家資格の範囲を広げることで、より多くの人材がケアマネの資格を取得しやすくすることだ。また、保健・医療・福祉分野で一定の教育を受けた者がケアマネとして活動できるようにするための養成ルートの確立も検討されている。これにより、若年層を中心に新たな人材を取り込むことが期待されている。

さらに、潜在ケアマネの職場復帰を促進するための取り組みも行われている。具体的には、自治体が離職したケアマネに対して復職を提案することや、職能団体と協力して再研修の案内を行うことである。この再研修にはオンラインでの参加が可能な形式を取り入れ、復職を希望する人が気軽に参加できるよう配慮されている。また、復職後に受講する研修内容の緩和も提案されており、こうしたことにより離職した人が戻りやすい環境を整えることが目指されている。

その一方で、シニア層のケアマネが長く働き続けることができる環境の整備も重要な対策として挙げられている。ケアマネの業務は体力的な負担が大きく、年齢を重ねるごとにその負担が増すため、働き方の柔軟化や延長雇用の導入が必要だ。シニア層のケアマネが無理なく働けるように、業務時間の短縮や勤務日数の調整を行うことで、地域に根付いて長く活躍できる職場環境をつくることが求められている。

平均給与額は36万円

ケアマネの離職防止策として、待遇改善も不可欠だ。例えば、厚労省の「令和4年度 介護従事者処遇状況等調査結果」によると、ケアマネの平均給与額（常勤者）

は2022年9月時点で36万1770円。これは各種手当も含んだ金額で、彼らの専門性の高さや、業務量などを考慮すれば、決して恵まれた金額とはいえないだろう。ケアマネの離職の要因として「賃金・処遇面」が大きな割合を占めていることもあり、労働条件を改善することで離職を防ぐことが期待されている。とくに、賃金の引き上げやキャリアパスの整備を行うことで、ケアマネが安心して働き続けられる環境をつくることが重要である。

厚労省では、「ケアマネジメントに係る諸課題に関する検討会」を2024年4月から開始し、高齢者介護の現場で直面する課題に対処するための議論が進められてきた。検討会では、ケアマネの業務内容や主任ケアマネの役割、地域包括ケアの課題などが取り上げられ、その目的は効果的なケアマネジメントを通じて介護サービスの質を向上させることである。しかし、検討会の議論を通じて浮き彫りになった根本的な問題は、先に述べたように深刻なケアマネの不足だ。

この検討会の内容を簡単に紹介しよう。まずはケアマネの業務について、その範囲の明確化が重要な課題として挙げられた。

ケアマネは利用者やその家族から多岐にわたる相談を受けており、介護サービスにとどまらず、日常生活全般に関する支援を求められることが多い。例えば、ゴミ出しや金融機関での手続きといった、本来の業務を超える依頼にも対応しているケースが多々見られる。こうした対応に関して、どの範囲までがケアマネの責任であるかを明確にすることが求められている。

また、緊急時の対応や家族への支援など、ケアマネに過度な負担がかかっている現状があり、それに対する評価や報酬の見直しが必要であるとの意見も検討会で出された。これらの過重な業務負担が、ケアマネの不足をさらに深刻化させている現状があるのだ。

主任ケアマネの役割についても、重要な課題が議論された。主任ケアマネは地域でのケアマネジメントの質を高める役割を担っており、他の職種との連携や、地域全体での支援体制の構築が求められている。しかし、現場では主任ケアマネが多くの時間を事務的な管理業務に割いており、その結果、現場での指導や他のケアマネの育成に十分に時間を割けていない。このような状況を改善するためには、管理業務を効率化し、主任ケアマネが本来の役割に集中できる環境を整えることが必要である。主任ケアマネが本来の役割を果たせないことが、現場におけるケアマネ不足をさらに悪化させているのだ。

人材確保に関する議題も重要な焦点であった。ケアマネの資格を取得しても、実際に業務に従事する人が少ない現状が問題視されており、資格取得の条件を緩和すること、研修制度を見直すことが検討されている。また、ケアマネの離職防止や、離職したケアマネの職場復帰を促進するための対策として、研修の柔軟化や待遇改善が求められている。ケアマネが業務の厳しさや低賃金を理由に離職するケースが多く、このままでは人材不足が深刻化することが懸念される。

「介護の世界は本当に酷《ひど》いですよ」

こうした介護の根幹の危機的状況が示すとおり、介護現場の崩壊はすでに始まっている。

一例を挙げれば、高齢者への虐待が頻発していることだ。厚労省が発表したデータによれば、2024年度には高齢者虐待に関する相談・通報件数が2795件に達し、過去最多を記録している。さらに、虐待と判断された件数も856件で、これも2年連続で増加している。虐待を行った者は施設職員や家族が多く、その背景には介護の負担が大きく関係している。もちろん、公的なデータに載っていない高齢者虐待も水面下で起きていることは言うまでもない。

「私なら絶対、こんな施設に入らない」

そう話すのは関東郊外の特養で働く上田康子さん（仮名）だ。50代の上田さんは2022年の夏に取材したベテラン介護士だ。私がかつて『週刊文春』で不定期連載していたときに出会い、そのエピソードを誌面で紹介したこともある。彼女はこれまで複数の介護施設に勤務し、転職を繰り返してきた。改めて彼女の体験談を聞いてみたい。

「介護の世界は本当に酷いですよ」

彼女がそう話す理由の一つが、高齢者に対する〝虐待〟だ。

東北地方出身の上田さんは、建設会社で経理の仕事を経験したこともある。以前は、北関東のサ高住で介護士として働いていた。だが、サ高住や居宅介護支援事業所の正社員ではなく、正式な所属元は派遣会社だ。2カ月更新の契約という雇用形態だという。

介護業界に失望している彼女は、以前の職場での体験をこう振り返った。

「夜勤をしていたとき、夜中に入居者さんが部屋の外を歩いていて、怪我をしたことがありました。私たちが目を離した隙に、エレベーターホールで転倒して、腕が変な方向に曲がってしまったんです」

慌てた上田さんは、「すぐ救急車を呼びましょう」と古株の女性介護士に言ったが、それを拒まれたというのだ。そして上田さんに、こう言い放った。

「この人は認知症だから大丈夫」

本人は怪我をした状況も忘れるだろうから、室内で勝手に転倒していたことにすればいいと説明。翌朝、転倒した入居者の腕は、パンパンに腫れあがっている。結局、病院へ連れて行くと骨折をしていた。

「ちょうどコロナ禍で面会の制限をしていたので、家族の目もありません。それをいいことに、夜中に部屋で転び、自分でベッドに戻ったみたいだと嘘の報告をして、事情を知る他の職員も、みんな知らないふりをしていました」

「虐待」は身体的暴力だけではない

この職場では、若い男性介護士による暴力的な虐待もたびたび行われていたという証言もあった。

おむついじりを防ぐための介護用スーツというものがある。上田さんが働いていた施設では、服の上下がつながった形状の介護用スーツは、やむを得ない場合を除いて原則使用が禁止されている。そうしたルールを無視して、若い男性介護士が利用者にスーツを着用させていたというのだ。

薄暗い部屋で、利用者を冷たい床の上に寝かせる男性介護士。スーツを着せるのに手間取り、イライラしたのだろうか。介護士は横になっている利用者を足で蹴とばした。

「ちょっと、何したの⁉」

偶然、その瞬間を目撃した上田さんは、男性介護士を問い詰めたが、逆にこう凄まれたという。

「虐待じゃないよ。周りもみんなわかっているから、何も言わないほうがいいよ」

こんなことが許されるはずはない。そう思った上田さんは後日、本社と県に通報の電話を入れた。いつ、誰が、何をしたか丁寧に伝えたが、本社や県の職員から、証拠はあるのかと問われて、何も答えられなかったという。結局、県から情報提供を受けた市が施設へ聞き取り調査を行ったが、施設には何のお咎《とが》めもなかった。それどころか、施設は通報した上田さんを事実上の〝クビ〟にしたという。

「私は見たままを伝えましたが、その後、市がどういう調査をしたのか私にはわかりません。結果を見れば、虐待はなかったということになったのでしょう。私は派遣だし、『辞めてくれ』と言われても全然平気。こんな職場に何の未練もありません。また別の施設に移ればいいだけですから」

その後、新しい職場に移った上田さん。そこでも同じような虐待を目にすることになる。

「例えば入浴介助の際、認知症の方やクレームを言えないような方に、1枚のタオルを3人で使い回していたんです。あとの方は濡れたタオルで身体を拭かれるので、冷たがっていました。バスマットが濡れていても交換する回数を減らしていました」

虐待は暴力などの身体的なものだけでなく、心理的、経済的なものまで広く含まれる。また虐待の程度もさまざまだ。上田さんが目撃したタオルの使い回しも明らかな虐待といえる。

「施設の総責任者がたびたび現場を見回って、無駄がないかチェックしています。おむつパッドを使い過ぎだとか何か気に食わないことがあると、職員を怒鳴り散らし、『明日から、もう来なくていいから』と脅す。タオルの使い回しも、こうした経営側の過剰な経費削減が原因で行われている。そうなると、スタッフも次第に感覚が麻痺していくんです。虐待していることに気付かなくなっていく」（上田さん）

2040年度には57万人の介護職員が不足

介護人材の不足は現場の崩壊を加速させている。厚労省の推計によると、2026年度には240万人の介護職員が必要とされるが、2022年度時点での職員数は215万人しかおらず、25万人が不足している。2040年度にはさらに57万人が不足すると予測されており、この人材不足をどう補うかが今後の大きな課題となっている。

これに対して、政府は介護職員の処遇改善や離職防止に向けた対策を講じているが、その効果は限定的だ。2018年から24年の間だけでも、補助金措置も含めて7回程度、介護職員の賃金引き上げ策が講じられてきた。例えば、2024年2月には介護職員に対する処遇改善支援補助金が事業者に交付されている。ところが、常勤の介護職員一人あたりに換算すると月額平均6000円で、給与の約2%だ。しかも当時、事業所の全職員に一律6000円の賃上げをした施設があった一方で、役職や資格に応じて均等配分を行わなかった施設も散見された。ある介護施設では、パートスタッフには支給しなかった例もあり、待遇改善が長期的な雇用定着につながっているとは言い難い。

かつて取材した介護施設のスタッフの一人はこう話した。

「給料が少し上がったところで、この仕事を続けるかどうか今も迷っている」

その背景には、介護職の肉体的・精神的な負担が他の職業と比べて非常に大きいことがある。

政府は介護現場の効率化を図るため、介護ロボットやＩＣＴ（Information and Communications Technology＝情報通信技術）の導入を進めているが、これにも限界がある。とくに中小規模の施設では導入コストが高く、十分に普及していない。技術の導入によって一部の業務は軽減されているものの、実際の現場での効果は未知数だ。現時点で介護ロボットができるのは、物の運搬や簡単なコミュニケーションに限られており、対人サービスの根幹である感情的なケアや細やかなサポートは、依然として人間の介護職員に頼るしかない。

このような状況のなか、外国人介護職員の受け入れも進められている。

外国人労働者の受け入れは、日本の介護人材不足を補うための重要な施策であり、現在、技能実習制度や特定技能制度、経済連携協定（ＥＰＡ）に基づく受け入れが行われている。技能実習制度は、外国人が日本の介護現場で働きながら技術を習得し、その技術を母国に持ち帰ることを目的としている。一方、特定技能制度とは、一定の技能と日本語能力を持つ外国人が最長5年間、日本の介護施設等で働ける在留資格制度だ。技能実習制度とは異なり、主な目的が「労働力の確保」であり、入国前の試験合格が必要で、即戦力としての活躍が期待されている。

こうした外国人の介護人材は、介護現場で言語や文化の違いが大きな障害となっており、実際にはスムーズにコミュニケーションが取れない場面も多い。技能実習生には、日本語能力試験Ｎ４（基本的な日本語が理解でき、日常会話ができるレベル）に合格することが求められ、さらに2年目にはＮ３（より複雑な会話や文章が理解できるレベル）に合格しなければならない。しかし、これらの試験に合格しても、現場で必要とされる日本語能力が十分とはいえないのが現実だ。

一方、ＥＰＡに基づく外国人介護福祉士候補者の受け入れは、日本と特定の国々（フィリピン、インドネシア、ベトナムなど）との経済連携協定に基づき、介護福祉士の資格を取得するためのプログラムである。このプログラムでは、外国人が一定期間、日本で研修を受けた後、国家試験に挑戦する権利が与えられる。しかし、この国家試験の合格率は高くなく、合格のためには多言語での教材提供や試験対策が必要とされているが、支援体制は十分ではない。

フィリピン人介護士たちの告白

さらに、こうした技能実習制度や特定技能制度、ＥＰＡに頼らず、日本で働く外国人介護士たちもいる。

以前、知人の伝手《つて》で大阪市内に住む３人の外国人女性と出会った。彼女たちは30代後半から40代で、全員がフィリピン出身者だ。政府のサポートを受けられない立場に置かれながらも、日本の介護現場を支え続けている。その彼女たちが、過酷で不安定な現状を語ってくれた。

「私たち外国人介護士は、支援制度の外に置かれているんです」

そう話し始めたのは最も年配のフィリピン人だ。彼女は10年前に日本人と結婚し、来日してから訪問介護の仕事に就いているが、その労働環境は安定したものではない。

「ボーナスもないし、雇用保険も社会保険もないんです。いつクビになるかもわからなくて、毎日不安ですよ」

そう彼女が言うように、技能実習制度や特定技能制度に基づく外国人労働者には一定の法的保護が与えられているが、彼女のように結婚して日本に住む外国人には十分な保護が適用されない。「ただ働くだけじゃなくて、ちゃんとした権利が欲しい」と彼女は切実に訴えた。

「私も、何の保障もないまま働いている」

別のフィリピン人女性も、そう続ける。彼女は日本で介護職に就くために来日し、日本の「介護職員初任者研修」を受けて介護の資格を取得したが、施設での待遇は厳しいものだった。介護職員初任者研修は国家資格ではないものの、指定の研修を受講し、修了試験を受けると得られる介護の入門的な公的資格だ。

「雇用契約書にはサインしましたけど、細かい内容は全く理解できませんでした。ただ社長から『ここにサインして』って言われたからサインしたんです」

彼女らは日本語の理解が十分でない状態で、雇用契約の内容も把握しないまま働かざるを得ない状況を語った。

こうした外国人介護士たちは、日常生活においても困難を抱えている。最年少の女性は5年前にフィリピンから来日し、日本人の夫と結婚して介護職に就いたが、その生活は決して安定していない。夫と離婚してからは、子どもを育てるシングルマザーとして頑張っているが、給料は手取りで約12万円。生活費を賄うのに精一杯で、貯金など全くできないと嘆いた。そんな彼女らの言葉には、生活の厳しさが滲んでいた。

「この仕事をしていると、いろんなことに慣れないといけないんです」

3人は声を揃《そろ》えた。3人とも介護職員初任者研修の修了試験に合格してから訪問介護に携わっているが、その待遇は決して良いものではない。資格を取得するために自腹で10万円を支払ったが、その資格が給与に反映されることはない。むしろ業務が増えただけだった。

「資格を取ったらもっと良くなるかと思ってたんですけど、給料はそのまま。正直がっかりしました」

日本での生活費を賄うために、彼女たちは介護の仕事以外にもアルバイトをしていると話した。介護職の収入だけでは足りず、工場やフィリピンパブなどでの夜間のアルバイトをしているそうだ。

「これらの仕事は現金手渡しが多いんです。税金を逃れるためということもあって、違法ですが、生活のためには仕方ありません」

彼女たちを支援する同僚の日本人スタッフが、そう補足した。現場で過酷な労働をしながら、法律の抜け道を使って生きる彼女たちの姿が、いかに切迫したものであるかが伝わってくる。

彼女たちは、技能実習制度や特定技能制度に基づく外国人労働者とは違い、日本に定住している。そのため、自らの力で仕事を見つけ、言葉の壁や文化の違いにもがきながら、日々の生活を支えているが、社会的な支援はほとんどない。

「やりがい」と「低待遇」の間で

「介護の仕事をしていると、いろんな利用者さんと出会います」

彼女たちにとって、この仕事の最大の魅力は人との関わりにあると話した。

「利用者さんと一緒にご飯を食べたり、散歩したりするのが楽しいんです。ある利用者さんの誕生日には、一緒に写真を撮って、職場のグループLINEに送ったんですが、そのとき、上司から『勝手なことをするな』と怒られました」

それでも彼女たちは利用者との交流を通して介護の仕事にやりがいを感じている。利用者の笑顔を見ると、それだけで疲れが吹き飛ぶというが、そのやりがいに対する報酬は十分とはいえない。

外国人介護士として働くなかでの文化の違いも、彼女たちにとっては大きな障害となる。

「フィリピンでは、親が病気になったら家族全員で世話をするのが当たり前」

年長者の女性は、最初、日本人の多くが親を介護施設に預けるという状況を目の当たりにして戸惑ったと振り返った。

「家族が親を預けてしまうのが不思議でした。フィリピンでは家族がいちばん大事。私も小さい頃から、おばあちゃんの介護をしていました。家族で支え合うのは当たり前。だけど日本では仕事が一番で、親を預けてしまうことが普通なんですね」

そうした考えからか、彼女らは現在の職場で利用者を「日本の親」として接していると話した。

彼女たちが介護の現場で、いちばん大変なのは言葉の壁だという。

「利用者さんが何を言っているのかわからないときがあるし、職場のスタッフともコミュニケーションがうまく取れないことがあります」

日本語能力が十分でない彼女たちにとって、言葉の壁は仕事をする上での高いハードルだ。しかし、彼女たちはタブレット端末の翻訳機能を使ったり、ボディランゲージを駆使したりして、なんとかコミュニケーションを図っているという。

「利用者さんが笑ってくれると、それだけでうれしいんです」

日本の介護現場で彼女たちは、ただの業務としてではなく、心から利用者のことを思い、ケアを提供している。だが、その心のこもった労働に見合うだけの待遇が提供されているとは言い難いのが現実だ。

「円が安くなってから、日本で働くメリットが少なくなってきました。でも、日本に家族がいるから、簡単に帰国することはできません」

彼女たちにとって日本は第二の故郷だが、その生活は決して安定しているわけではない。彼女たちは日本で家族とともに生活を続けるために、過酷な労働条件に耐えながら働き続けている。

「辞めたいと思ったこともありますよ。でも、利用者さんのことを考えると辞められません。私たちが辞めたら、この人たちはどうなるのか。それを考えると、辞めることなんてできません」

そう語る彼女たちは、利用者との絆こそが仕事を続ける理由だと言った。そして、クリアファイルを取り出して、その中から利用者と一緒に写った写真をうれしそうに私に見せたのが印象的だった。彼女たちを見ていると、介護の仕事をただの労働と捉えていないように思えてならない。

「外国人がいなければ、日本の介護は成り立たない」

日本の介護現場が人手不足に直面しているなか、外国人労働者が重要な存在となっているのは間違いない。しかし、技能実習制度や特定技能制度、EPAなどの枠外にいる外国人介護士たちが、どれほどの苦労をしながら日本の介護を支えているのかは、あまり知られていない。

「私たち外国人がいなければ、日本の介護は成り立たない」

最年少の女性が最後に語ったその言葉は、現場での彼女たちの存在の大きさを物語っている。日本の介護現場を支え続けているのは、単なる収入のためではなく、利用者との心の交流と、それによって得られる充実感があるからだ。「私たちがいなくなったら、いちばん困るのは利用者さんです」と語った彼女の言葉に込められた真摯な思いこそが、介護現場における外国人の重要性を如実に示している。

外国人介護職の確保に力を入れているのは国だけではない。例えば、東京都は2024年度から「外国人介護従事者活躍支援事業」を開始している。

都では2023年度の介護関連職種の有効求人倍率が7・61倍と過去最高を記録

しており、2030年までに約4万7000人の介護職が不足すると予測されているのだ。このため、「外国人介護従事者活躍支援事業」が実施されている。本事業では、事業所が特定技能を持つ外国人を雇用する際に利用する登録支援機関などの受入調整機関への経費について、予算の範囲内で補助を行っている。また、外国人介護職の採用経験がない事業所に対しても、フォロー体制を強化する取り組みが進められており、こうした支援策は、他の自治体にも広がりを見せている。

人材不足の裏で急増する「介護離職者」

介護人材の不足によって引き起こされている問題のなかに「介護離職」がある。総務省が公表している2022年の「就業構造基本調査」によれば、介護をしながら就労する人の人数は約365万人おり、調査までの10年間で実に70万人も増加している。そして、2021年10月からの約1年間では介護・看護のために離職した人は10万6000人にものぼっているのだ。

介護離職を少しでも減らそうと法の下で導入されているのが「介護休業制度」で

ある。

介護休業制度は、労働者が家族の介護を必要とする際（要介護状態）、仕事を継続しながら介護に取り組むことができるよう支援する重要な仕組みだ。この制度は、労働者が仕事を辞めずに家族を介護できる環境を整え、介護離職を防ぐことを目的としている。要介護状態とは、負傷、疾病、または身体的・精神的な障害により、2週間以上常時介護を必要とする状態を指し、この状況にある家族を介護するために、労働者は通算93日まで介護休業を取得することができる。この93日間は、一度に取得する必要はなく、3回に分けて取得することが可能であり、柔軟な対応が特徴である。

介護休業制度の対象となる家族は、配偶者（事実婚を含む）、父母、子、配偶者の父母、祖父母、兄弟姉妹、孫など幅広い。この制度により、労働者は介護が必要な状況に直面しても、経済的な不安を抱えずに対応できる。また、雇用保険に加入している場合、一定の要件を満たせば介護休業期間中に給付金が支給される。この給付金は、休業開始時の賃金（月給）の67％に相当する金額であり、労働者の経済的負担を軽減することを目的としている。

介護休業制度に加えて、労働者が介護と仕事を両立するために利用できる支援策にはさまざまな種類がある。これらの支援策は、介護休業制度と連携しながら、労働者が介護に専念しつつ、職場での働き方を調整することを可能にしている。

以下に、法律で改定された代表的な支援策について紹介する。

①介護休暇

介護休暇は、労働者が介護を必要とする家族の世話をするための短期間の休暇であり、年次有給休暇とは別に取得することができる。対象家族が1人の場合は年間5日まで、2人以上の場合は年間10日まで取得することが可能である。この制度は、有給か無給かは会社の規定によるが、介護の突発的な必要に応じて労働者が柔軟に休むことができるという点で非常に重要である。例えば、突然の病状悪化や医療機関への同行が必要な場合など、短期的なケアに適している。

② 短時間勤務等の措置

短時間勤務等の措置は、介護を行う労働者がフルタイムで働くことが困難な場合に、所定労働時間を短縮することができる制度である。この措置により、通常の勤務時間を短縮したり、始業・終業時間を調整することができ、介護に必要な時間の確保が可能となる。この制度を利用することで、労働者は介護と仕事を両立しやすくなり、家庭内の負担を軽減できる。例えば、朝の通院付き添いが必要な場合には、始業時間を遅らせて対応することができる。

③ 所定外労働（残業）の制限

所定外労働の制限は、労働者が介護のために残業を免除される制度である。この制度により、介護の負担を抱える労働者は、通常の勤務時間外の労働を行わなくて済むようになる。介護の時間を確保することができるとともに、身体的な負担も軽減される。とくに、夜間に介護が必要な場合や、日中の活動で疲労が溜《た》まっている場合には、残業をしなくてよいことが労働者にとって大きな支えとなる。

④ 時間外労働の制限

時間外労働の制限もまた、介護を行う労働者が過剰な負担を抱えないようにするための制度である。具体的には、事業主は労働者に1カ月につき24時間、1年間につき150時間を超える時間外労働をさせてはならないとしている。この規定により、介護者が無理なく仕事と介護の両立を図ることができる。例えば、長時間の残業を避けることで、介護に必要な体力を保てる。

⑤ 深夜業の制限

深夜業の制限は、労働者が介護を理由に深夜時間帯の勤務を免除される制度である。深夜業は通常、午後10時から午前5時までの時間帯に該当する。この時間帯は、とくに介護を必要とする家族にとって安心して眠りに就くために重要な時間であり、労働者自身も深夜の勤務を避けることで、体力的・精神的な負担を減らすことができる。

これらの支援策は、労働者が仕事を続けながらも家族の介護に専念できるようにするために設けられた。介護に直面した際には、こうした制度をうまく活用することで、介護負担を軽減しつつキャリアを継続することが可能だ。

また、支援策を利用する際には、事業主が適切に情報を提供し、労働者の状況に応じて柔軟に対応することが求められる。２０２５年４月からは、介護休業制度に関するさらなる取り組みが強化される予定で、事業主には、労働者が介護に直面した際に、介護休業制度についての個別の周知や意向確認を行うことが義務付けられる。この取り組みにより、介護が必要になったときに労働者が安心して制度を利用できる環境が整備されることが期待されている。

さらに労働者が40歳に達した時点で介護休業制度に関する情報を提供することも求められており、介護が必要になる前から事前に準備を進められるような体制が構築されつつあるのだ。

また事業主には、介護に関する支援策の利用を促進するための取り組みも求められている。例えば、介護休業制度に関する研修の実施や、相談窓口の設置、介護休業取得事例の収集と提供などが挙げられる。これらの取り組みにより、職場内で介護休業制度がより理解され、労働者が制度を利用することへの心理的なハードルが下がることが期待されるという。

「介護休業給付金」の支給率は賃金の67%

だが、こうした介護休業制度が整備されることによって、介護離職が激減するとは思えない。

介護休業制度は家族の介護が必要となった場合に労働者が休業を取得できる制度であり、対象家族一人につき通算93日まで休業を取得できることは先に述べた。しかし、この93日という日数が実際の介護の現場においては非常に短い。介護は一時的なケアではなく、長期的に続くことが多いため、93日間の休業では到底十分でない場合が多いだろう。

例えば、認知症を患った親の介護を行う場合、数年にわたるサポートが必要となることが一般的であるが、介護休業の日数はそのような長期の介護には対応できていない。このため、介護が終了する前に休業期間が尽きてしまい、最終的には仕事を辞めざるを得なくなるケースも少なくないのだ。

実際に、ある建設会社の経営者も、93日という休暇制度について「ないよりマシだが、これが介護問題の解決になるとは思っていない」と話し、こう続けた。

「介護離職は、実は労働者だけの問題ではなく、企業側にとっても深刻な問題なんです。親の介護が必要になってくるのは40代や50代の働き盛りの社員。彼らのような熟練社員が介護を理由に辞めてしまうのは会社としても困る。とくにうちのような中小企業にとっては死活問題にもなる。介護離職を防ぐための、企業側への支援という部分にも国はもっと目を向けてほしい」

さらに介護休業給付金の支給率は賃金の67%とされているが、この水準では家計の負担が大きく、とくに収入の多くを家計に依存されている労働者にとっては、介護休業を選択することが難しいという問題もある。介護が必要な期間中に家計が圧迫されることで、労働者は介護と収入のどちらを優先するかという難しい選択を迫られることになる。

問題はまだある。介護休業を取得する際の職場環境だ。制度上は労働者が介護休業を取得する権利が保障されているが、実際の職場では「介護休業を取得することで職場に迷惑をかけるのではないか」という心理的な負担が労働者に重くのしかかっているのも事実だろう。

とくに中小企業では人員が少なく、一人の休業が職場全体に大きな影響を与える状況があれば、介護休業の取得も難しくなる現実がある。上司や同僚の理解が得られればよいが、実際には労働者が介護休業を申し出ることをためらうケースも多く報告されている。このような職場環境の問題が、制度の利用率を低下させている一因といえるだろう。

さらに、介護休業制度の利用に関して、事業主側の対応にも課題がある。政府の資料によれば、事業主には労働者に対して介護休業制度を周知し、利用を促進する義務があるが、実際にはその義務が十分に果たされていないことが多い。多くの労働者が制度の存在を知らなかったり、具体的な利用方法についての理解が不十分であったりするため、結果として介護が必要な状況に陥っても制度を利用できないという問題が生じている。

もちろん今後、事業主に対し、介護休業制度についての個別の周知や意向確認を行うことを義務付けることで、労働者が介護休業制度を利用していくだろうが、今でも一部の企業で介護休業を取得しようとする労働者に対し、間接的な圧力をかけるなどして制度の利用を妨げているケースも報告されていることから、その実効性は未知数だ。

「入社祝い金」の深い闇

不足している介護人材を集めるため、介護施設の運営企業はあの手この手を使っている。だが、なかにはルール無視のケースが横行している——。

「介護人材の求人サイトや紹介業者が、〝入社祝い金〟を餌に人を募っている実態があります」

そう話すのは、大阪の介護施設の運営責任者の男性だ。たしかに彼の言うとおり、介護職を募集する求人サイトで、「入社したらお祝い金10万円」などと記されているのを何度か目にしたことがある。

「本来、求職者に対して社会通念上相当と認められる程度を超えた金銭などを提供して、求職の申し込みの勧奨を行ってはいけないはずでした。ところが、そうしたルールを無視しエスカレートしていることが業界では問題になっています」

男性の話によれば、祝い金は施設側が求人サイト運営側に用意するケースもあれば、求人サイトが求職者の登録人数を増やす目的でカネをばら撒《ま》いていたケースもあるという。また、施設側が介護職を斡旋紹介する業者に対して、一人採用できた場合に高額な手数料を支払っているという実態が横行していると話した。ちなみに、この男性が勤める施設では介護職を一人採用するにあたり、斡旋業者に100万円の手数料を支払うことが慣例になっていると明かす。

「斡旋業者による介護職の人身売買みたいなものですよ」

男性はそう語った。

そうした業者が横行するなか、厚労省は2024年7月に開かれた労働政策審議会で、医療・介護・保育の3分野に関わる悪徳な人材紹介会社への対策を強化する方針を示している。

祝い金とは求職者が介護施設や病院に就職し、一定期間勤務したことを条件に支給される金銭である。例えば、「1カ月以上勤務したら数万円の祝い金を支給」といった条件が掲げられることが多い。この祝い金制度は、一見すると求職者に対する魅力的なインセンティブのように見えるが、その裏には多くの課題が存在するのだ。

まず、祝い金を目当てに短期間で転職を繰り返す求職者が増加しているという問題がある。祝い金は求職者にとって大きな魅力であり、複数の求人サイトを利用して祝い金を次々と受け取るという行為が横行している。その結果、介護施設側は人材を確保しても短期間で退職されるケースが増え、安定的な人材確保が難しくなっている。

例えば、ある介護施設では、祝い金を受け取った職員が1～2カ月で退職し、次の祝い金の出る職場に移るという事例が相次いでいるそうだ。このような状況により、施設側の採用コストが増大し、現場の業務にも混乱が生じている。

「転職」を繰り返す人々

また、面接参加や知人紹介による金銭支給制度も、祝い金制度と同様の問題を抱えている。例えば、「面接1回で1000円の電子ギフト券が支給される」「知人を紹介し、紹介者と紹介された人の両方にギフト券が支給される」といったものがあるが、これも求職者を集めるための一時的な手段に過ぎず、面接だけを受けて就職しないケースが増加している。このため、雇用主側の負担が大きくなり、安定した雇用確保が難しい状況が続いているのだ。

さらに、求人サイトや職業紹介事業者による祝い金制度の不正運用も問題視されている。一部のサイトでは、「祝い金あり」と大々的に広告を打ちながら、実際には支給条件が非常に厳しく、求職者が祝い金を受け取れない例が見られる。

なかには、「1カ月以上の勤務で支給」と記載されているにもかかわらず、実際には試用期間を除く勤務日数が条件とされ、短期の就労者が祝い金を受け取れないケースが発生しているという。さらに、祝い金の支給に関する問い合わせに対しても十分な説明がなされず、不透明な対応が続くことが報告されている。このような不正行為は介護業界全体の信頼を損ない、求職者と施設の間で大きな摩擦を引き起こしている。

成功報酬として支給される金銭も、介護業界で問題となっている。「3カ月以上勤務すると最大5万円が支給される」「就職が決まった段階で1万円が支給され、その後口コミの投稿でさらに報酬が得られる」といった形で、長期間の定着を促進する手段として利用されている。しかし、この制度も祝い金目当ての短期転職者の増加を招き、施設側にとっては大きな負担となっている。

さらに、満足度調査やアンケートへの回答者に対する金銭支給制度も存在する。求人サイトなどが求職者に対して行う満足度調査やアンケートに回答することで、報酬として金銭やギフト券が支給される仕組みだ。

「アンケートに回答すれば抽選で1万円のギフト券が支給される」「転職後、満足度調査に回答することで全員に5000円分のギフト券がもらえる」といった形式がある。しかし、このように報酬が大きい場合、求職者が金銭目的で転職を繰り返す動機付けとなり、長期的な人材の定着にはつながらない。

就職フェアも同様だ。参加者に対して報酬として金銭やギフト券が支給される制度がある。「フェアに参加し、ブースを訪問した人に500円分のギフト券が支給される」「事前予約の上、フェアに初めて参加した場合、電子マネー5000円分が支給される」といったものだが、この制度も参加報酬を目的にフェアに参加するだけで、実際には就職しない求職者が増えるという課題を抱えている。

厚労省が規制強化へ

祝い金制度やこれらの金銭支給制度は、人材の流動性を過度に高めている点でも深刻な問題である。求職者が祝い金や面接報酬を得るために短期間での転職を繰り返すことで、介護施設は常に新しい人材を探さなければならず、採用にかかるコストが増大する。これにより、施設運営が不安定化し、現場の職員に過度な負担がかかる悪循環が生じている。とくに介護業界では、人材の定着が現場の運営に直結するため、短期離職が繰り返されることは深刻な業務上の問題である。

こうした状況を受けて、厚労省は祝い金制度に関する規制強化を進めている。具体的には、職業紹介事業者や求人サイトによる祝い金の提供を禁止する方針が打ち出されており、違反があった場合には事業許可の取り消しも検討されている。

また、求職者への金銭提供に対しても厳しい規制が設けられ、転職フェアなどで提供される少額の謝礼（500円程度）は許可されるものの、高額な祝い金の支給は原則として禁止される見込みである。

このような規制の背景には、祝い金制度が介護業界における長期的な雇用の安定を阻害しているという認識がある。とくに、介護の現場では職員が経験を積むことが重要であり、短期的な転職を繰り返すことは、業務の質やサービスの向上を妨げることになる。介護技術や施設の運営に関しては、長期間の経験が必要とされるため、安易な転職が業界全体に悪影響を及ぼしている側面もあるのだ。

第三章　閉ざされた介護

預貯金も自宅も奪われた老姉妹

「きちんと介護をされているのだろうかとか、虐待されてないだろうかなどと、施設側を疑ったことはあります」

そう話すのは、認知症の母親を特養に入所させている女性だ。世間では度重なる虐待事件や介護施設の不祥事が報じられているなかで、自分の親も実はなんらかの被害に遭っているのではないかと不安になった経験があると語った。

2024年10月に、こんな報道が目に留まった。介護施設運営会社の元社長の男性（38歳）が、人材紹介会社から給与を詐取した疑いで逮捕されたというニュースだ。この事件は、2023年12月に発生したもので、容疑者の男性と元従業員の女性容疑者（55歳）は、人材紹介会社のサイトに架空の求人情報を提出し、勤務実績がないにもかかわらず、自らが雇用されたと装って虚偽の勤務時間を申請したという。これにより、人材紹介会社が提供する即日払いの給与立て替えサービスを悪用し、現金約37万円を詐取した疑いが持たれているという報道だった。

容疑者の男性は警察の取り調べに対し、「競輪に投資して勝てれば返すつもりだった」などと供述したと当時報じられていた。また、女性も容疑を認めており、人材紹介会社からは約435万円以上を詐取した疑いもあると見られ、警察はさらに調査を進めているというものだった。

なぜこの報道が目に留まったかといえば、容疑者名に聞き覚えがあったからだ。この男性容疑者が数カ月前に、介護施設利用者の資産を横領した疑いがあるとして報じられていたのである。2024年6月の報道を調べてみると、介護施設運営会社の男性は大阪府警に業務上横領などの疑いで逮捕されていた。

その容疑者は2021年5月から23年7月にかけて、施設を利用する高齢の姉妹から預かったキャッシュカードを使い、計132回にわたり合計約2000万円を引き出して着服した疑いが持たれていた。また、姉名義のクレジットカードを無断で使用し、ベビー用品などを購入したとされている。

当時の報道によると、容疑者は、姉妹に対して「手元に現金があったほうが安心だ」などと説得し、彼女たちの生命保険を解約させ、その解約金も不正に引き出していたそうだ。得た資金は、消費者金融への返済や会社の経費に充てられたと見られる。

さらに驚くのは、この容疑者は2023年4月に姉妹の自宅を売却させ、その後、姉妹を自らが手配した賃貸マンションに住まわせていた。この賃貸マンションでは、電気やガスが止められ、姉妹の一人は熱中症で搬送されることもあったというのだ。姉妹は経済的困窮に直面し、口座には数百円しか残っていなかったとの報道もあった。

もし自分の身内が、このような目に遭っていたらと想像するだけでゾッとする。閉ざされた世界のなかで何が起きているのかという不安は家族につきまとうのだ。もちろん虐待など全くない施設や事業所のほうが多いだろう。しかし、家族には「もしかしたら」という心配がつきまとうものだ。

それだけに家族にもしものことがあったとき、施設側に疑いの眼差しが向くのは、ある意味仕方のないことかもしれない。裁判にまで発展したケースはいくらでもあるからだ。では家族と介護施設との間で、どのような裁判が行われているのだろうか。実際に裁判所に足を運び、複数件に及ぶ過去の事件記録を閲覧してみた。家族と施設で争った民事訴訟から見えてきたものは――。

ケース1：施設側は適切な介護や処置をする義務を怠った

原告側2名が、被告である社会福祉法人Aおよび代表者理事長に対して4500万円の損害賠償を求めたものだ。ちなみに、損害の内訳には葬儀関係費用や仏壇購入費なども含まれている。「社会福祉法人」とは、社会福祉事業を行うことを目的として設立された法人のこと。「社会福祉事業」とは、社会福祉法に定められている特養や児童養護施設などの第一種社会福祉事業と、訪問介護やデイサービスなどの第二種社会福祉事業を指している。公共性の高い事業で対価を得ることからも税制面で優遇された法人だ。

85歳になる小林治夫さん（仮名）は、Aが運営するショートステイに入所した。原告は、治夫さんの相続人である妻とその息子だ。

ショートステイとは、短期間だけ介護者を宿泊させる施設のことである。厚生労働省のホームページには、〈利用者が可能な限り自宅で自立した日常生活を送ることができるよう、自宅にこもりきりの利用者の孤立感の解消や心身機能の維持回復だけでなく、家族の介護の負担軽減などを目的として実施する〉と説明されている。在宅で介護をしている者が体調を崩したり、出張や冠婚葬祭などで一時的に介護ができなくなったときに利用されることが多い。一般的には特養などが、介護が必要な方を受け入れ、入浴や食事など、生活支援や機能訓練などを提供するもので、最短では1日、最大30日間連続で利用できる。

約10年前に大学病院でアルツハイマー型認知症の診断を受けていた治夫さんが、Aが運営するショートステイを利用したのは今から6年前のことだ。入所前、治夫さんは「要介護3」の認定を受けていた。すでに自宅で認知症が進行していたこともあり、家族は当時のケアマネに相談し、将来的に在宅介護から施設介護に切り替えることを提案されていた。そのため、まずはショートステイの利用をしてみようと決めたのがきっかけだ。

異変が起きたのは入所した翌日早朝のこと。朝5時に、治夫さんは居室内に設置されている小さな洗面所とベッドの間に座り込んでいたところを施設の職員に発見された。裁判資料の証拠書類には、治夫さんのベッドの横に、緑色をした転倒防止マットレスが敷かれている写真が写っていた。室内にはテレビ、エアコン、椅子が一脚。そして小さな洗面台がついている殺風景な部屋だ。治夫さんは、ベッドの横に敷かれたマットレスを乗り越えて洗面台に向かったと思われる。

職員の手を借りベッドに戻った治夫さんは、午前9時前にトイレに行きたいと訴え職員に誘導された。身体に軽度の痛みを訴えたものの、立位で排尿を済ませた。施設職員である看護師が、身体を確認したところ、太ももの側面に2カ所の打撲痕があることに気付く。また、足を上げると痛みを訴えたものの、持続痛ではないことを確認した。

昼食時、治夫さんはむせ込むことを理由に看護師を呼んだ。駆けつけた看護師は、治夫さんが、呼吸時にヒューヒューと音がする喘鳴が酷かったため、胸壁を叩くタッピングを実施。だが、治夫さんは自ら排痰できなかったため、痰の吸引を行った。

看護師がパルスオキシメーターを使って調べると、低酸素状態だった。肺雑音や発熱も確認できたため、原告である妻に連絡をした。施設に妻ともう一人の原告である息子が到着してから、ようやく救急車を要請。治夫さんは近くの救急病院に搬送されたのである。

裁判資料の中には搬送した救急隊員の記録も添付されていた。それによると、治夫さんは自分の名前や生年月日も言えないような意識状況であったと記されている。

搬送先の病院では、「大腿骨転子部骨折」と「誤嚥性肺炎」と診断された。入院をして、まずは肺炎の治療を受けることになった。だが、病状が改善することはなく約3カ月後、治夫さんは肺炎により死亡した。

原告である遺族がAらに損害賠償を求める訴えを起こしたのは、施設側が適切な介護や処置をする義務を怠ったのではないかと考えたからだ。

事実、原告は、大腿骨転子部骨折の傷害を負ったのは、被告施設の職員が転倒・転落防止の義務を怠ったためであり、治夫さんが死亡したのは、職員が転倒事故後に救急搬送する義務を怠ったためだと主張している。さらに施設は、食事の介助または付き添いを行う義務を怠り、誤嚥後の救急搬送が遅れたためであると主張した。施設側の不手際が原因で、死に至ったと考えたため訴えを起こしたのだ。

事実はどうだったのか。

ある日の介護記録には、治夫さんの歩行状態は不安定だが、自力で移動しようとすることや、離床センサーが作動したため職員が駆けつけると、彼が「何で来るんだ」と発言したことが記載されている。また同日の介護記録には、急に車椅子から立ち上がったことが記載されていた。こうしたことからも裁判所は、施設側は転倒を予見可能であったとの判断を下したのだ。

施設側はベッドに転落防止柵を設置し、床に転倒防止マットレスを設置。さらに介護ステーションに最も近い部屋を居室として、見回り頻度を増やして転倒・転落措置を講じていたと反論している。

しかし裁判所は、そうした施設側の対応は一定の効果は期待できるとしたものの、治夫さんが自力で移動して転倒する危険を防止するための措置としては十分なものとは言い難いと判断。また、部屋を介護ステーションの近くに配置したからといっても、同じフロアには12名もの入所者がおり、夜間帯の介護職員は1名であることを指摘した。こうした状況では、介護ステーションに常に職員がいるというわけではなく、転落防止の効果には疑問があるとしたのだ。

裁判では、死との因果関係や、損害額なども争点となったが、結局、被告が原告に200万円強を支払うことで和解が成立したのだった。

ケース2：排泄物の素手での処理が死を招いた

原告側2名が、被告である株式会社Zおよび代表取締役の男性に対して、約2100万円の支払いを求めた裁判だ。

被告のZは、全国で数多くの介護施設や、介護に付随する関連事業を展開する大企業だ。桜田好江さん（仮名）は約6年前に、Zが運営するショートステイに入所した。原告は好江さんの息子と娘。好江さんは入所当時80歳だった。

好江さんが入所してから約10日経った頃から、下痢症状が3週間ほど続くようになり、腹痛を訴えることがあった。入所から約20日が過ぎて一時帰宅することになる。だが、この時点で好江さんに下痢症状が続いていたということを施設側は家族に一言も知らせていなかった。

家族が母親の異変に気付いたのは、自宅に戻った好江さんが軟便状態だったからである。この日、家族は好江さんの状態について在宅医に報告すると、施設と連携をしていたはずの医師も、下痢が長く続いていたことを把握していなかったという。しかも、下痢が続いていた期間、施設側は通便を良くする重質酸化マグネシウムの薬を与え続けていたというのだ。

再び施設に戻った好江さん。原告である娘が見舞いに行ったときのことだ。その日、驚くべき光景を目にしたと、原告側は主張している。

午後2時過ぎのこと。好江さんが下痢をしていたため、娘は職員を呼び、おむつの交換を頼んだ。現れた職員は、何と素手で排泄物処理の作業を行っていたというのである。シーツが汚れないようにするためのシートを敷くこともなく、職員は素手にタオルを巻いて汚物処理を始めた。衛生上問題があると考えた娘は職員に手袋はしないのかと問うと、その職員はこう答えたという。

「あは〜、忘れちゃった〜。前はね、手袋をしているほうが失礼だっていう時期もあったのよ」

娘の注意喚起にも、職員は全く取り合う様子を見せなかったという。しかも、ベッドの上には小さな排泄物のカスがそのまま残っていた。床にも数カ所、便の色をした汚れを見つけた。驚くことに、おむつ交換後、この職員は手洗いや消毒を行わず、そのままエレベーターの操作をするなどしていたというのである。

裁判のなかで原告側は「介護職員は排泄物を素手で処理することが常態化していた」と訴えている。

その後も下痢症状が続き、脱水症状が見られた。施設側は在宅医に往診を依頼した。ところが在宅医からは施設では点滴管理ができないと言われ、結局、近くの総合病院に緊急入院をすることになった。病院では「偽膜性腸炎」と診断された。しかし、入院後も下痢症状は止まらず、脱水症状が進行。次第に身体は弱っていった。そして喉や口内には炎症が見られ、経口による飲食も困難な状況に陥っていった。

約2週間後、好江さんはこの世を去った。

母の死に納得できない家族は、その後、施設側に説明を求めたが、施設が応じることはなかった。不信感を募らせた家族は、カルテや看護記録の閲覧を求めた。だが、一部だけは開示されたものの、施設側は自らに法的責任はないとの立場を取った。そうした経緯を経て、家族側は施設に対して損害賠償請求調停の申し立てを行った。一度は裁判所が関与して、家族側と施設との話し合いが行われた。ところが施設側は、法的責任についての話し合いなどには一切応じないとの姿勢を見せた。さらに、施設側に法的責任がないという立場を変えるつもりはなく、持ち帰って検討することもしないと、家族側に歩み寄る姿勢は一切見せなかったという。

裁判で原告側は、排泄物を素手で処理することが常態化していたため、好江さんが偽膜性腸炎に感染したと訴えた。また施設は好江さんの長期に及ぶ下痢症状を認識していたにもかかわらず、医療機関や原告に対して、その事実を通知しなかったため、適切な医療を受ける機会が奪われて死に至ったと主張している。

そもそも好江さんは尿道にバルーンカテーテルを使用しており、毎日陰部の洗浄が行われていた。その際に、少量ではあるが泥状の便が確認されている。従って施設側は、軟便が継続していたことは把握していた可能性がある。

一方で施設側は、素手による排泄物の処理が常態化していた事実はないと原告の主張を否定。以前、この施設で働いていた別施設の幹部も陳述書を書いて反論している。施設側は、職員に聞き取り調査を行ったが、利用者の汚物や陰部を直接手で触れることはないと否定した。ただし、利用者がふいに排泄しようとして手袋の着用が間に合わなかったような急を要する場合は、素手で排泄介助を行っていたケースはあったという。やむを得ず素手での介助を行った際も、蒸しタオルを使用し、手洗い等を実施していたと反論したのだった。

だが、娘が居合わせた場面では、おむつ交換を依頼したのはほかならぬ娘であり、急を要していたとは思えない。そのときの様子を娘はノートに克明にメモをし、証拠として裁判所に提出もしている。

このケースも結局、施設側が原告に100万円を支払うことで和解が成立した。裁判資料を見る限り、施設内で何が行われていたかは、はっきりしない。原告の不信感が解消されたとは思えない形で事件は幕を下ろしたのだった。

ケース3：ツメの皮膚に付着していた黒ずみの放置で感染症罹患

原告1名が、社会福祉法人Bの理事および副施設長に対して損害賠償を請求した事件。Bは2つの介護施設に加えて「包括」（地域包括支援センター）も運営している。

川上弘美さん（仮名・80歳）が、Bの運営する介護老人保健施設に入所したのは約5年前のことだ。介護老人保健施設とは、通称「老健」と呼ばれる介護施設で、日常の介護を受けながら、理学療法士、作業療法士、言語聴覚士などによるリハビリをメインとした施設だ。在宅での生活復帰を目指す利用者を対象としており、原則的に利用期間は3～6カ月とされ、長期間の入所はできない施設だ。

原告は弘美さんの息子である。原告によると、Bは弘美さんのツメの皮膚に付着していた黒ずみを長期間放置したため、MRSAと呼ばれるメチシリン耐性黄色ブドウ球菌感染症に罹患させたと訴えている。さらに、施設に入所する際の契約書に不備があったこと、施設に電話で問い合わせた際、被告である副施設長から、「ふざけるな」「馬鹿じゃないの」などと金切り声で暴言を吐かれたなどと主張している。ちなみに契約書には、原告の個人情報を他に提供する場合があるとの記載があることはおかしいと、息子は主張していた。しかし、施設側にとって各所と連携を取らなければならない事態になった際、この記載は必要になってくるのではないだろうか。

被告である副施設長は兼業で、この施設で働く傍ら教育機関で福祉について教鞭をとっている。そして原告はかつて、この教育機関の授業をオンラインで受けていた時期があり副施設長のことを知っているようだ。もちろん副施設長は、原告が生徒だったことは認識していなかった。

裁判資料を捲《めく》りながら、原告はきわめて疑い深く神経質な人なのではないかとの印象を受けた。

事実、裁判所もMRSAの保菌とツメの黒ずみとの因果関係は必ずしも明らかではない、とした。さらに契約書の不備についても施設側は後日、原告の要望を聞き入れて改めて契約書を交付していた事実も判明。また、金切り声で叫んだかどうかは、裁判所が事実を認めるに足りないと指摘した。やはりというべきだろう。原告の請求は棄却されたのだった。

ケース4：コロナ禍における対応に問題があったために死亡した

こちらも原告2名が、被告である社会福祉法人Cに対して約2200万円の損害賠償を請求した事件である。Cは全国10カ所以上で、高齢者施設を運営している中規模な法人だ。

高田雅代さん（仮名・90歳）が、Cの運営する特養に入所したのは約3年前のこと。原告は雅代さんの長男と長女だ。雅代さんは特養に入所する以前は、長女の家で同居していた。原告側は、コロナ禍における施設側の緊急時の対応に問題があったため、雅代さんがコロナウイルスの後遺症による肺炎で亡くなったと訴えたのだった。

裁判資料の中に、雅代さんが入居する際に提出した「入所申込書兼調査書」と書かれた書類を見つけた。一般的に高齢者施設に入所する際は、このような調査書を記載し、既往歴をはじめとした介護上必要な情報を記した書類を提出する。調査書には、心内膜炎やうっ血性心不全、乳がんの既往症があると記されていたのだ。趣味はスポーツ観戦という雅代さんは、以前から病院で認知症と診断されていたことも書類からわかった。

雅代さんが居住する同フロアでコロナ陽性患者が出たのは、入所してから1カ月が過ぎた頃だ。コロナ陽性者が確認された2日後、雅代さんも37・8度の熱が出た。翌々日になっても熱は下がらず、抗原検査をしたところ、コロナの陽性という結果が出たのだ。それから約2週間後、近くの総合病院に救急搬送されることとなり、その後亡くなった。

遺族である原告は介護事故だと訴え、コロナの陽性結果が確認されてから、救急搬送されるまでの間に、施設側が医師の診察を受けさせていなかったことを問題視したのだった。また、入所の際の契約書には、施設側の緊急時の対応として、利用者の病状が急変した場合はあらかじめ届けられた連絡先に速やかに連絡するとの記載があるが、それも守られていなかったと主張している。

一方、被告側の施設長によると、コロナ対応マニュアルに従って一日4回の検温と血中酸素濃度の測定を行っていたと反論。また、管轄の保健所には入所者からコロナ陽性者が出たことを電話で報告し、雅代さんの容体についても説明したが、保健所からは「施設内で経過を見ていくように」と指示があったと主張した。保健所の指示どおり対応していたと、自らの正当性を訴えたのだった。

さらに施設側は、雅代さんがコロナの陽性になった際に、長男の妻に電話連絡をしている。妻には、「かかりつけ医に連絡し、薬の処方とコロナ発症届の要請をしてほしい」旨をお願いしたつもりだったと主張した。だた、意思の疎通がうまくいっていなかったのだろうか。この翌日、施設側は再び妻に電話をしたが、かかりつけ医に連絡していなかったことが判明したため、改めて連絡するようお願いしたと陳述書には記載されている。医師からは解熱剤のカロナールが処方され、施設側は服薬介助も行っていたそうだ。

　雅代さんのコロナ陽性が確認されてから10日目の朝、「苦しい」と訴え始めた。血中酸素を計測すると、大きな低下が見られたため、30分後に3リットルの酸素を吸入した。だが、血中酸素飽和度の回復は見られたものの、呼吸が苦しいと本人が訴えており、活気もなくなっていたことから救急車を呼んだ。このとき、施設の看護師も救急車に同乗し、病院まで付き添っている。

　病院に到着すると、個室で医師が点滴やレントゲン検査を行った。そのまま個室で待機し、時間が経過すると雅代さんの動きが活発になっていったという。

「こんなのはいらない」

　そう言った雅代さんは、身体に装着していた酸素マスクやパルスオキシメーターを外そうとしていたそうだ。付き添っていた施設の看護師が、内線を使って病院の看護師に連絡を取ると、酸素マスクは外さないようにと指示を受けた。

　ところが、何度も酸素マスクを外してしまうため、付き添った看護師がマスクを手で押さえた。だが、すでに雅代さんには呼吸苦もなく、だいぶ元気になってきた様子だったという。

搬送先の病院の医師から、コロナの後遺症による肺炎と診断されたのは、その後のことだ。そのまま治療するため入院が決定した。病棟に向かう際、再び雅代さんが思わぬ行動に出た。自ら点滴を抜いてしまったというのだ。病棟の中は付き添いの看護師は立ち入ることができないため、この看護師は雅代さんを見送った後に施設へと戻った。だが、この翌日、雅代さんは病院で息を引き取った。


裁判資料の中にあった雅代さんの「日常生活状況表」には、過去の入院時から認知症状が表れており、昔の出来事を最近起きたことだと勘違いする、などと記されていた。これは、長男の妻が記載したものである。認知症だったため、今回搬送された病院でも、認知症とせん妄にともなった脱衣行為があったことも資料の中に記されていた。

結局、裁判所は原告の訴えを退けたが、認知症入所者への対応の難しさを物語っているケースだ。

（例に挙げた事件記録の内容は、当事者のプライバシーに配慮するため、氏名、地名、施設名などの固有名詞や、日時など、一部裁判記録とは異なる記載をしている）

施設内での情報の「不透明性」と外部機関との「連携不足」

これらのケース1から4を通じて、閉ざされた高齢者介護施設が抱える深刻な問題が浮き彫りになってきた。それは、施設内での情報の不透明性と、家族や外部機関との連携不足が明確であることだ。

ケース1では、転倒事故後の適切な対応が遅れたことで利用者が死亡に至ったとの疑いを家族に抱かせた。施設側はベッド周辺の安全対策を講じていたと主張するが、裁判所はそれが十分でないと判断している。

高齢者施設では一般的に、「うちは手厚い介護をしている」などと強調し、入居者や家族を勧誘している例が多い。手厚い介護とは、介護保険制度で定めている人員配置基準よりも多い職員がいるということを指しているケースが多い。ところが、夜間は介護職員が1名以上常駐していればよいため、この施設では、夜間は12人の入居者に対して介護職が1人であった。裁判でも被告側は「介護保険法等の基準を上回る介護員を配置していた」と弁明しており、同社のホームページには〝質の高い介護を目指している〟などと記していた。施設側の言う〝手厚い介護〟〝質の高い介護〟との宣伝文句には、夜間のケアが手薄になるという盲点がある。それに加えてこのケースでは、施設内でのリスク管理や予防策も不十分であり、家族への情報提供も欠如していたことを示している。

ケース2では、衛生管理の徹底不足が感染症の拡大を招いたことの疑念を家族に抱かせた。さらに職員が排泄物を素手で処理するなど、基本的な衛生対策が守られていなかったのではないかと、家族の不信感を増幅させている。家族からの指摘にもかかわらず、施設側は改善の姿勢を見せず、情報開示にも消極的であったことも原告側との火種が大きくなった要因だろう。利用者の健康が著しく損なわれたことは事実であり、それに加えて家族との信頼関係も崩壊した例だ。

ケース3では、契約書の不備や職員の不適切な対応が利用者の不信感を増幅させている。施設側は契約書の不備を指摘された後に修正を行ったが、初期段階で十分な説明がなされたのだろうか。

ケース4では、コロナ禍における緊急時の対応の遅れが致命的な結果を招いたと家族に疑念を抱かせた。施設内で感染者が出たにもかかわらず、医師の診察を受けさせることなく経過観察を続けていたことや、家族への連絡や意思疎通が不十分であったため、適切な医療措置が遅れたのだと家族は不信感を抱いたのだ。

結果として、利用者はコロナの後遺症による肺炎で亡くなってしまったわけで、家族から見れば、施設に対する怒りが込み上げてくるのも当然の成り行きだったのだろう。

これらの事例から見えてきたのは、高齢者介護施設は内部の問題が外部に知られにくいという現状である。それは、大手企業が運営している施設でも、小規模な施設でも同じだ。施設が情報を内部に閉じ込める傾向があるため、利用者の安全や健康が二の次になっているのではないかと、家族に不安や疑念を抱かせている。また、家族や外部機関との連携不足が、不信感をさらに増幅させる結果につながっているのだ。

施設が〝閉ざされた世界〟に

こうして裁判記録を見てみると、職員の教育や訓練は十分に行われているのだろうかという疑問も浮かぶ。また、衛生管理の基本は守られているのか、利用者の状態変化に適切に対応しているのかとの疑いも持たざるを得ない。

こうした不信感は、施設の管理体制や運営方針にも起因するように思えてならないのだ。高齢者介護施設は、情報の透明性が重要であると、つくづく思う。そして、家族や外部機関との連携を強化することが急務だろうと感じた。

こうした訴訟ケースにあるように、高齢者施設に家族を預けるという決断は、多くの家庭にとって最も難しい選択の一つだ。安心とケアを求めて選んだ場所が、期待とは裏腹に〝閉ざされた世界〟になっているケースがあるからだ。入居前に十分な説明を受けていなかったり、施設のルールが曖昧であることが、家族と施設の間に大きな溝を生むこともあるだろう。

小柳善之さん（仮名）の経験は、その一例である。母親の伸江さん（仮名）が関東の介護付き有料老人ホームに入居したのは約3年前のこと。介護事業を手広く展開する大手企業が運営するホームだということもあり、企業の看板を信用し、家族はここに入居することに同意した。

だが、入居した後、家族が抱いた疑念は次第に深まっていく。

「施設のパンフレットには『家族の宿泊が可能』と書かれていたのに、突然施設長から『家族の宿泊は認められない』と言われました。パンフレットの内容と施設長で言うことが違うなんて、どうなっているのかと思い副ホーム長に確認しましたが、結局回答は得られませんでした」

善之さんのこの言葉からも、家族が感じた戸惑いが窺《うかが》える。施設に入居する前に、家族への十分な説明がなされていないことが、その後の問題を複雑にしていた。例えば、「訪問前に必ず電話連絡をするように」と言われていたが、数カ月後には別の担当者から「電話連絡は不要です」と言われるなど、施設側のルールが一貫せず、説明が二転三転することがあったと振り返る。

些細なことがきっかけで、施設で何が行われているのかを正確に把握できないことで家族を一層不安にさせ、施設内での出来事に対する不信感が募っていった。

事故から1カ月後に胸椎骨折の報告

あるとき、伸江さんが施設内で転倒し、胸椎を骨折するという重大な事故が起きた。しかし、事故について施設からの報告があったのは、事故から1カ月も経ってからだった。しかもその内容は納得がいかないものだったと善之さんは振り返る。

「母が意識を失ったまま倒れていたのに、救急車は呼ばれませんでした。報告書には『湿布を貼って対応した』と書かれていましたが、実際には何もされていなかったんです」

事故後の混乱を振り返る善之さんの言葉には、施設への深い失望が感じられた。報告の遅れや内容の不備は、施設の運営体制に重大な欠陥があることを示している。

さらに、介護スタッフの対応が家族に与える不安も無視できない。ある介護職員は「家族が長時間滞在すると、施設の問題点がばれるから困るんですよ」と家族に漏らしたという。もちろん冗談のつもりかもしれないが、こうした言葉は、家族に対する配慮の欠如だけでなく、施設内で「隠されている何か」があるのではないかという不信感を抱かせるものだ。さらに別の職員が母親に対して「うるさいから黙っていろ」と暴言を浴びせたことがあると善之さんは言った。もちろん証拠はない。ただ少なくとも、こうした一連の対応が、不信感を増幅させていることは間違いないだろう。

「母が一人で施設にいる間、本当にきちんとしたケアを受けているのかと心配でたまりませんでした」

こうした善之さんの心配は、他の家族にとっても共通のものである。施設での介護が家族に見えないところで行われているため、家族は不安を抱え続ける。暴言や失礼な態度が続けば、入居者本人だけでなく、他の入居者にも悪影響を及ぼす可能性は高まる。

「以前、ホーム長が『すべての苦情は職員全員に共有する』と言っていたことがあります。その結果、職員同士が問題の責任をなすり合うようになり、対立や緊張が高まっているように感じました。苦情を共有することで、各職員が自分のミスが他の全職員に知られてしまうことを恐れ、責任逃れをしようとする傾向が生まれ、それが職員同士の不信感や対立につながっているような気がするのです。このような状況が続くことで、職員のストレスが増し、結果的に暴言が増える原因になっているのではないでしょうか」

善之さんは、苦情の共有は施設全体の運営改善に不可欠なプロセスではあるが、それが一律に行われると責任の曖昧さ、職員間の対立、そしてストレス増加といった負の側面が生じる可能性があると指摘する。そのため、苦情は適切な責任者がまず対応し、その後に適切なフィードバックを行う形で共有されることが、施設内のコミュニケーションとケアの質を高める最善の方法ではないかと語った。

職員の個人的な感情が入居者への態度に影響

この施設では、事故防止策や対処方法についても、家族への十分な説明が欠けていた。例えば入居者が転倒した際、その原因として施設内の漏水により濡れた床で滑ったと考えられるにもかかわらず、施設側からはその説明が一切なかったという。

「現場の写真を撮影して原因を明確にするよう依頼しましたが、それも無視されました」

と善之さんは言う。このような対応が、家族にとって施設への不信感を強める結果となっているのだ。

さらにこんなこともあったと善之さんは続ける。

「ある介護職員が施設で配布する冊子の中で『競馬が大好き』と自己紹介しており、その彼が競馬で負けた日の暴言がとくにひどくなるという話も聞きました。職員が『競馬に負けて気分が悪いんだ』と言いながら不機嫌な態度で入居者に接していたこともあるといい、こうした職員の個人的な感情が入居者への態度に影響することは避けられず、家族は職員の機嫌に左右されるケアに不安を覚えます」

不信感の積み重ねは施設への疑いの目を加速させる。例えば、こんな例もあったという。

ある日、施設内で開催されるイベントとして「子ども食堂」を開くという話があった。開催にあたって、家族からは感染症リスクを懸念する声が上がっていたという。

「子ども食堂は、地域とのつながりを深める目的があるのは理解できます。ただし高齢者施設ですので、不特定多数の子どもたちが集まることで、入居者に感染症のリスクが生じるのではないかと心配になるのも当然です。そもそも施設内での安全対策に不信感があるなかで、施設は子ども食堂を開くことのメリットばかりを説明しており、家族の不安に対する具体的な対策が示されることはありませんでした」

子どもたちの体調チェックや衛生管理の徹底など、家族や本人に安心感を与えるための取り組みについての十分な説明をしなければ、不安が解消されるはずもない。

こうした善之さんの経験から見えてくるのは、施設で起きていることが家族に正確に伝わらないとき、施設は「閉ざされた世界」になってしまうという現実である。

この「閉ざされた世界」の中で、入居者は本当に適切なケアを受けているのかと、家族は不安と疑念に苦しむことになる。

悪質施設が消えない理由

九州地方で、必要最低限の介護職員を配置していなかったことが発覚し、利用者の新規受け入れを3カ月停止するとの行政処分が下った特養がある。かつて、その施設について取材をしようと近隣の介護付き有料老人ホームの施設長に話を聞くと、平然とした表情でこう答えたのが印象的だった。

「同業が刺したんですよね」

一体どういうことなのか。その施設長はすぐにこう続けた。

「この業界は横のつながりが強いので、いろんな噂がすぐに出回ります。あの特養は、昔から評判が悪くて有名でした。職員へのパワハラや、利用者への虐待の話もあった。そんないい加減な経営をしていても平然と運営を続けられるのは社会福祉法人だからです。社会福祉法人は、公共性の高い非営利法人で、税制上優遇され、補助金や助成金も出る。にもかかわらず職員の給与は低くて、利用者の介護も満足に行わないのに、理事の一族だけは羽振りがいい。相当、内部留保を蓄えているんでしょう。真面目にやっている法人からすると目障りですよ。それで同業者が行政に告発したという話を聞きました」

こうした介護施設における不正の発覚は外部からの情報提供によるものが多い。例えば、現職員や元職員、それにライバル事業者からのタレコミがきっかけで、行政が監査に入るケースが目立つのだ。元職員の場合、職場を去った後に、職場の不正を告発するケースもある。職場に対する恨みや報復心が絡んでいることもあるが、福祉に対する志の高い人が、不正を見て見ぬふりができなくなり、勇気ある告発をするケースが多い。

また、先のケースのように、ライバル事業者による情報提供も頻繁に見られる。業界内での競争が激しくなるなか、他社を追い落とすために不正を告発することもあれば、不正は許さないとの使命感から行政に情報提供をする場合もある。

ただ、問題なのは、いくら行政に情報提供があったとしても、それがすべて監査に反映されるわけではないということだろう。実際に、かつて週刊誌上で私が介護についての連載を書いていたときも、正義感のある職員や元職員から多くの情報提供を受けた経験がある。そうした人のなかには、市や県に相談しても、結局何も動いてくれないからメディアを頼るしか方法がなかったと嘆いていた。

かつて取材をした福岡県の訪問介護事業所のスタッフも、こんな話をしていたことがある。

「市の職員が定期的に立ち入り調査をするのですが、実態は、記載漏れがないかなど書類をチェックする程度。書類を見ただけで、職員の水増しや不正を見つけることなど不可能に近い。しかも、立ち入りの日を数カ月前に市から予告されるため、その間に書類の改竄《かいざん》もできます。実際に会社は市から予告があると、書類の辻褄合わせをしたり、実態と異なる書類を作成していましたから」

こうした状況について、ある市の担当者はこう話した。

「実地指導を定期的に行っており、そこで不正が見つかれば監査に移行します。指導の場合は、見るべき視点が厚労省から示されており、それに即した形で事業者の運営について確認しています。もし不正があれば、程度に応じて、指定の取り消しなど行政処分を行うこともあります」

だが、担当者は、内部告発がないと不正を見つけるのは難しい現状があると明かし、他の自治体でも同じ状況だと説明したのだ。

「たしかに、従業員や利用者の方の通報などが大きな情報源となっています。不正であることを認定する場合、それを立証する責任が行政側にございますので、確たる証拠が必要になってくるかとは思います」

不正の無限ループ

奥歯にものが挟まったような言い方だが、行政は情報提供者に確たる証拠を持ち込んでもらわないと何もできないのが実態だろう。さらに別の市に勤務する介護職は、「証拠を持って行っても、担当者も面倒だと思うのか、不正を見て見ぬふりをする担当者もいます」と私に話していたことがあった。

関東地方に勤務する元介護職員は、こう話す。

「私が以前いた施設では、退職した職員を働いていることにして、1カ月間タイムカードを押し続けていました。社長の指示で当時の職員が行っていたのですが、明らかに不正行為です。私は職場を離れた後、こうした不正を市に内部告発しました。

ことの経緯をまとめたメモと、退職した職員のタイムカードのコピー、それに担当税理士の連絡先まで市に提供しています。市の担当者は、証拠書類は受け取ったもののの、その後どういう調査を行い、どうなったのかは一切明かしてくれませんでした」

この施設に行政処分が下った形跡はないため、結局、告発はうやむやにされたと思われる。調査をしたかさえも疑わしい。

さらに別の介護施設で働いていた元介護職員も、職場の不正を市に相談したが、担当者は平然と「今、手が回らない」と言い、そのまま放置されていると語っていた。

関西にある老人ホームでは、何者かに爆破予告をされたことがあった。施設の元スタッフはこう話す。

「施設のスタッフが市の介護担当部署の窓口に行って、爆破予告があったと聞いたが市として事実関係を把握しているのかと訊ねたそうです。すると事情を把握していなかった市の担当者が驚きのあまり立ち上がって、『えーっ！』とのけ反ってしまったそうです」

もちろん、きっちりと情報収集を行って対応している行政もあるのだろうが、こんな有様では、不正を行う施設はやりたい放題である。

告発を無視するのは論外だといえるが、問題が指摘されてから実際に監査が行われるまでにも時間がかかり、その間に証拠が消されてしまうことも少なくないのだ。

行政は介護施設に対して定期的に形式的な監査を行ってはいるものの、その実施率は驚くほど低い傾向にあるのが実情だ。

例えば、長崎県では2023年度の監査対象施設3434のうち、実際に監査が行われた施設は全体の約28・5％にとどまっており、多くの施設が対象外となっていた。このような状況では、実際にどれだけの不正が横行しているか把握することは難しい。監査が入らない施設は、そのまま問題が見過ごされ、不正が常態化するリスクが高いだろう。

現状では、情報提供によって監査が行われる場合がほとんどであり、内部告発やライバル業者の告発がなければ、多くの不正は見過ごされる可能性が高いといえる。

行政の監査体制の弱点が、業界全体の透明性を損なわせている一因ともいえるのだ。

虐待が放置され続けている!

施設内で起こる虐待についても、こんな例があった。

九州地方のある施設で、長年にわたって虐待が続いていると明かすのは、この施設で働く林田雅之さん（仮名）だ。

この施設では、平日の午前中に1時間だけ介護が行われるものの、それ以外の時間はほとんど何の支援も行われていないという。例えば、入浴時間中も手が空いている職員が利用者に積極的に関わることはほとんどなく、建物は施錠され、利用者は外に出ることができない状況だと林田さんは語った。

さらに、この施設ではこんな状況が日常的にあったと林田さんは明かす。

「浴槽から利用者さんを出す際に、声かけに応じないと髪を引っ張って移動させる場面や、シャワーで冷水を浴びせる職員がいたこともありました」

また、朝起きてこない利用者に対して大声で叱責する場面も見たことがあると打ち明けた。施設内部では尿臭が漂う居室が放置されたままだといい、利用者が1〜2センチも大きい靴を履いていていても放置していたという。転倒の危険があっても知らん顔をしていたのだ。

林田さんは2020年に、他の事業所からこの施設に移動してきたが、当時から虐待が日常化していたという。

「施設内で行われている虐待は誰も止めようとせず、上層部に報告しても取りあってもらえなかった」

他に、どのような虐待が行われてきたのかと訊ねると、利用者が職員の指示に従わない場合、頭部や腹部を殴ったり、食事介助の際、声かけに応じない利用者に対して、頭部や体を叩き、食事を破棄したこともあったと明かした。就寝時におむつを触る利用者に対しては、防水シーツを巻いて眠らせることもある。さらに起床が遅い利用者に対して、こう叱責したこともあるそうだ。

「いつになったら起きてくるのか？　お前だけだぞ、まだ寝ているのは」

また、林田さんが直接見たわけではないが、過去には利用者を羽交い絞めにして倒すような行為もあったと別の職員から聞いたことがあるという。

このような虐待が行われている事実は、林田さんによって施設長にも報告された。だが、具体的な改善策は取られなかった。そこで、匿名で市役所に相談。それから半年以上経った後、ようやく市による調査が行われた。

「調査といっても文書での報告にとどまり、聞き取り調査や立ち入り調査は行われませんでした」

林田さんによると、現在は目立った虐待は減ったものの、この施設における虐待問題はまだ解決されていないという。

このケースでは、林田さんによる告発で虐待が表面化している。ただ、施設内で入居者が被害に遭っても、その声が施設側に届かないというケースも多々あるのだ。多くの高齢者は、病気や高齢のため、不適切な対応をされても仕返しを恐れて声を上げることができない状況にある。そのため、施設での問題が家族から指摘されても改善されることがなく、問題が継続してしまうケースもある。施設内で何が起こっているのかが外部に知らされないままの現実が、入居者や家族にとって大きなストレスとなっているのだ。

さらに先に記した例のように、市の高齢者支援課や保健所に苦情を伝えた場合でも、どのような対応をしたのかが家族や告発者に報告されることはあまりない。行政は、こうした運用を続けていてよいのだろうか。

行政処分を受けた「悪徳施設」が復活するカラクリ

「不正が発覚して行政処分を受けた施設や、問題が噴出して行政に目を付けられている施設は、計画倒産をしたり、代表者と法人名を変え、平然と事業を再開させるというのが常套手段になっています」

そう話すのは、大阪市の介護事業所の経営者だ。

法人名や代表者を変更して事業を再開することは、形式的には可能であるが、容易ではない。介護事業者が行政処分を受けた場合、単に法人名や代表者を変更するだけでは過去の処分を回避することはできないような運用をされていることが多いからだ。

介護事業者は、都道府県や市町村などから介護保険法に基づいて介護事業者としての指定を受けるために申請を行う必要がある。指定業者にならなければ、介護報酬を受け取れない。従って、指定業者になるため、常勤の職員が何名以上おり、どんな設備が整えられているかなど、設定された細かい基準をクリアしなければならないという仕組みになっている。

もしなんらかの問題を起こすと、ペナルティーとして指定が取り消されることもあり、そうなると介護報酬を受け取れず、事実上、事業が成り立たなくなる。過去に行政処分を受けた法人が、法人名や代表者を変更しただけでは、本来は行政側から厳しくチェックされ、指定を受けられないはずだ。

介護保険法第115条にも、事業者指定の要件や取り消しに関する規定が明記されている。これに基づき、過去に処分を受けた法人や代表者が再指定を受けるには、その経営体制や運営の適正性が厳密に審査されるのである。さらに、厚労省の指導指針では、事業者の信用性や利用者への適正なサービス提供が重要視されており、過去の問題を引きずる事業者には厳しい監視が行われることになっている。

ところが、実態としては、制度の隙間を突いた手法で事業を再開するケースもあるのだ。

先の大阪市の介護事業所経営者が続ける。

「例えば、処分を受けた代表者が、配偶者や友人を新たな代表者に据え、表向きには全く別の法人として事業を開始するケースをよく聞きます。表向きは、問題を起こした人物が経営に関わっていないということになっていますが、実質的な経営者は同じ。このような手法は、行政の監視の目をすり抜け、再び事業を始める手段としてよく使われている手口です」

実際に私が過去に取材した問題のある事業所は、もともと株式会社だったが新たにＮＰＯ法人を立ち上げ、代表者を問題があった社長の知人にしている。表向きは全くの別法人であるが、実質的経営者は同じだった。ちなみに、この問題があった会社社長は、従業員に「会社にもしものことがあったら、別法人をつくるしかないな」という趣旨の話をしており、その音声データも私の手元に残っている。

こうした手口を行政も知らないはずはない。

前出の経営者が言う。

「もちろん市も知っています。ただ、書類の上では全くの別法人になっていることもあり、どうすることもできないと市の担当者が言っていました」

そうした情報を知らされることもなく、名前を変えた元悪徳施設に入居してくる利用者もいるのだ。

入居者全員を「集中管理」

「地元で評判の悪い有料老人ホームがあります。そこは、同一建物内でデイサービスを経営しており、入居者を半強制的に、1階のデイサービスの利用者にしています。デイサービスでは、リハビリや機能訓練をしていると称していますが実態は異なります。例えばリハビリだといって内職のようなことをさせていますが、入居者は誰一人何もしていない。高齢者を1カ所に集めて、職員1人が監視していて、入居者は食事やトイレに行く以外は、丸一日、ほぼ、何もせず何も話さず、ただ座って過ごしているだけです」

そう話すのは関西でケアマネをしている女性だ。以前、取材で〝評判が悪い〟という施設を彼女と一緒に見学したことがある。

施設側は、こちらが取材だとは知らなかったため、嘘っぽい説明をしてその場を取り繕っていた。

施設に行くと、まず入居者の部屋を見学させてくれた。昼食後の時間だったが、部屋には誰も人がいなかった。フロアの中央にはまっすぐな廊下。両脇に利用者が暮らす約30の居室が並ぶ。すべての居室のドアは全開になったままで部屋の中が丸見えだ。室内に人は誰もいなかった。

「お昼ご飯はもう終わったんですか?」

見学に同行したケアマネが、案内役の女性職員にそう尋ねた。すると女性職員は「そうですね」と頷《うなず》いていた。そこでケアマネが、「誰も居室にいらっしゃらないですけど、お昼ご飯が終わって、入居者のみなさんは今、何をされているのですか?」

と再び質問をすると、一瞬間があいて、女性職員はこう説明した。

「今日はみなさん1階で寛《くつろ》いでいらっしゃると思いますよ。全員、2階にいないっていう日は珍しいんですけどね……」

明らかに不可解な答えだった。この施設は、住宅型の施設であり、高齢者が賃貸住宅で部屋を借りているのと同じイメージだ。すべての部屋に誰も人がいないのというのは不自然だということにケアマネは気付いていた。

実は入居者全員が、施設の1階にあるデイサービスに通所しており、居室に戻れないのである。

「住宅型のホームを運営している経営母体が、この建物の1階でデイサービスも経営しています。入居にあたり1階のデイサービスを利用することが条件となっていて、これは非常に問題。本来、介護保険制度では、それぞれに適したサービスを受けられるはずで、選択の自由もある。しかし、こうした実態がまかり通っているんです」（ケアマネ）

では、なぜこの施設は、こうした運用をしているのだろうか。その理由は1階のデイサービスを見学することでわかる。

案内役の職員に連れられて、今度は1階のデイサービスを見学することになった。

廊下の奥にあるホールのような部屋が、デイサービスだ。部屋は施錠されているという。職員は、「みなさんあちらにいます」と言うだけで、「コロナの関係もありますし、今日の見学はここまでで」と、私たちをデイサービスに近づけることはしなかった。

それでもガラス戸の向こうから高齢者の様子を垣間見ることができた。

同行したケアマネが言う。

「利用者さんたちは、リハビリやレクをするわけでもありません。毎日、朝8時から夕方6時まで一人残らずホールに集められ、職員が話しかける様子もほぼなかった。それでもデイサービスを利用したことになっているんです」

たしかに、高齢者たちはテレビを見る者や、外の景色を眺めている者など、みなボーッとした様子で過ごし、中から物音ひとつしなかったのが印象に残っていた。

こうした施設は他にもあるのだろうか。以前取材した別の施設管理者はこう話す。

「介護の効率化を重視するあまり、利用者を1カ所で集中管理する施設があるとの話はよく聞きます。人手不足なのでしょう。しかし、見守りはしているわけですし、交代で入浴介助も行う。最低限のことをしていれば、デイサービスを利用したことになり、介護保険を請求できますからね」

見学に同行したケアマネによれば、そもそも入居者の部屋を、許可もなく見学者に立ち入らせること自体が非常識で、入居者の尊厳を無視していると話していた。たしかに、自分が契約している賃貸住宅の部屋に、大家が許可もなく他人を招き入れるなどあり得ない。この施設の職員には、そんな感覚さえもないのだ。

施錠した部屋で、高齢者をただ放置しているだけの施設。ある有名な老人ホーム紹介サイトを見ると、「デイサービス併設」「多彩なレクリエーション」「ニーズに合わせたきめ細やかな介護」などと謳《うた》い、入居者を募集していた。

介護をマネーゲームにする魑魅魍魎《ちみもうりょう》

高級ブランドの店舗が立ち並ぶ東京・銀座。大通りに面した場所に、古びたビルがある。このビルの一室でコンサルタント会社を経営するのはAと名乗る女性だ。Aは、日本名を名乗っているものの、出身は中国。同社は数人の従業員とともに、ここ日本で中国人向けの不動産コンサルティング業を手掛けている。

具体的には中国人を相手にして、日本の不動産仲介をする事業だ。他には日本に進出してくる中国系企業に対するコンサルティングも行っている。同社のホームページを見ると、Aの顔写真も掲載されていた。

そのAが近年、最も注目している事業がある。日本の介護ビジネスだ。中国でも深刻な高齢化社会を迎えており、高齢者介護が大きな社会問題になっている。彼女は日本の介護事業者と手を組んで、日本の介護ビジネスのノウハウを得たいと考えているという。そして、もう一つの目的はカネだ。介護事業を手掛けて一儲《ひともう》けしたいと思っていたようだ。

私の手元に一枚の写真がある。テーブルの上に日本と中国の小さな国旗が置かれ、その後ろに、ずらりと出席者が並んで撮られた写真だ。関係者によると、写真は中国で行われたとある会合で撮られたものだという。この写真にAが写っているが、その彼女の傍《そば》には、七三分けの髪型をした日本人男性の姿があった。

「この男性は、日本で介護事業を手広く展開する人物です。小さな介護事業所の買収を繰り返して、系列の介護事業会社を多く運営していました。主にデイサービスを手掛けています。関連会社もたくさんつくり、高齢者介護を中心としたさまざまな事業を展開していました」

そう話すのは、この男性の関連会社で働いていた元従業員だ。元従業員の話をもとに、この会社を調べてみると、男性が経営する会社の他にも、多くの関連会社を持っており、そこで介護事業を展開していたことがわかった。

前出の元従業員が続ける。

「この社長はAと手を組み、中国から投資家を集めて資金調達をしてきました。これから中国は深刻な高齢化社会を迎えるにあたり将来性のある事業だということで、中国人から相当な資金を集め、社長もAも、かなりおいしい思いをしていたはずです」

実際、この男性の会社や関連会社の多くは、設立から1年から数年未満で、外国人が代表者として複数登記されている。その外国人は投資家と見られる。また、民間信用調査会社の帝国データバンクのレポートの中では、関係者の話として「投資家から集めた出資金は総額数十億円にのぼる」とも記されており、元従業員の証言と重なった。

ところがこの企業は、数年前に突然倒産してしまう。同時に関連会社も連鎖倒産を始め、業界内で大きな騒ぎになったという。

「社長はもともと飲食店を経営していて、ある時期から介護分野に参入してきました。会社が潰れる前兆はありました。いつも朝に給料が振り込まれていたのが、ある日から午後に入金されるようになった。そのうち、実は家賃を支払っていないことが発覚。それだけではなく、税金や取引業者への支払いまで滞っていました。会社の同僚の話では、未払いの督促状が段ボール箱いっぱいになっていたといいます。そして、ある給料日の朝、執務室に社長と弁護士が現れて、突然、『これで会社は終わりです』と告げられたんです。出社停止と施設の閉鎖が伝えられました。電気やガス、ネットも止められる始末ですが、困ったのは我々社員だけでなく、多くの利用者の方々です。急な閉鎖宣言によって、利用者を別な施設で引き受けてもらえないかなど、担当していたケアマネさんたちが苦労している様子も見ました。これは計画倒産だと思います。そして社長は利用者のことなど、何ひとつ心配していないと思う。金儲けのために中国系企業と組んで、介護を食い物にしているこの社長は絶対に許せませんよ」

元従業員がそう語ったように、この業界には介護をマネーゲームにしている経営者は多い。だが、そこで働くスタッフや入居者は、そうした経営者の素顔を知る由もないのだ。

第四章　介護とカネ

介護保険制度の矛盾と限界

介護保険制度は、「介護の社会化」という大きな期待を背負って、2000年に導入されたことは前述したとおりだ。その介護保険制度は今、我々に何をもたらしたのか。制度が始まった当初は、超高齢社会に備えるため、高齢者が必要な介護サービスを受けられるようにすることを目的としていたはずだった。しかし、実際には「サービスの利用を抑制する仕組み」が組み込まれており、その結果、多くの矛盾と限界が浮き彫りになっていると言わざるを得ない。

その一つが介護保険制度でたびたび目にする「自立支援」という言葉だ。「自立」とは、必要なサービスを利用しながら、その人らしく生活を続けることを意味している。その自立のため、制度を利用して支援していくというすばらしい理念だ。ところが、ある時期を境に、その理念が変化し始めた。

それは2016年11月に開かれた「未来投資会議」でのことだ。安倍晋三総理（当時）が「これからの介護は高齢者が自分でできるようになることを助ける自立支援に軸足を置く」と発言したことが一つの契機だろう。この頃から、政府の会議などでも自立支援という言葉がたびたび出てくるようになり、現行の制度では「自立」とは「サービスが不要な状態」と解釈されるようになった。

こうしたことで、サービスの利用を減らすことが目的化されるようになり、介護保険からの〝卒業〟を求められる高齢者が増えたように思えてならない。

例えば、軽度の要介護者への給付が縮小されていることが挙げられる。2015年に行われた介護保険制度の改正によって、要支援1、2という軽度の高齢者が利用していた訪問介護や通所介護が、従来の介護保険の枠組みから外れていることからも明らかだろう。

さらに2017年の法改正で、自立支援に成果をあげた自治体に対して、交付金を多く配分する「保険者機能強化推進交付金」の制度が創設された。自治体に対して財政的なメリットを餌に、自立支援を促進させようとしているのだ。自治体が給付の抑制を競い合って、サービスの質よりもコスト削減が優先される状況を生み出しているとも言えないだろうか。実際、利用者へのサービス提供を控える傾向が強まっており、結果的に高齢者やその家族が必要な支援を受けられない事態が生じているのだ。

昨今の社会保障の負担増と給付削減の傾向も同じだ。介護保険料は値上がり続けるが、受けられる介護サービスは年々制限されている。負担は増えるがサービスが減るというのは、商品の値上げはするが商品の質は落ちますと言っているようなものだ。一般社会で、値上げして質が落ちた商品を販売しようものなら、その会社には必ずクレームがくるだろう。介護保険料は任意ではなく強制的に徴収されているのだ。

つまり、介護保険制度は「介護の社会化」を掲げながらも、実際には利用者負担の増大、サービスの縮小、介護報酬の低迷をもたらし、介護現場と利用者の双方に大きな負担を強いている。とくに、介護報酬が低く抑えられているため、介護従事者の賃金は低水準にとどまり、人材の確保も難しい。それにより介護の質の低下やサービス提供の限界につながっている。結果として、介護保険制度は機能不全に陥りつつあり、深刻な介護人材不足や財政的な破綻の危機に直面しているのだ。

介護保険制度は当初の理念とは裏腹に、多くの矛盾と限界を抱えている。サービスの利用抑制や保険料の負担増により、介護が必要な人々が適切な支援を受けられない状況が生まれている。このままでは、高齢者のみならず、その家族や介護従事者、さらには社会全体に負の影響が及ぶことは避けられない。

介護保険の不正利用が横行か

11兆5139億円――。これは厚生労働省が2024年9月に公表した、2023年度の介護費用だ。介護費用は、介護保険からの給付や利用者の負担を含めた額で、2023年度は前年度と比べて2・9%増え、過去最高を更新した。この額がどれほど大きいかといえば、2023年度の日本の国家予算が約114兆4000億円であったことを考えると、その10%近くにもなるのだ。また2024年度の防衛費の予算が約7・9兆円という規模であることからも、介護費用がいかに巨額かイメージできる。今後も介護費用は増加していくと見られており、もはや介護費といわれる公費が出ていくことに歯止めがかからない状況だ。

私の手元に2分弱の動画がある。動画には、ピンク色の介護服を着た女性介護職員と、初老の男性がカラオケをしている様子が録画されている。これはある介護施設で録画され、施設の関係者が私に提供してくれたものだ。

「この動画はうちの施設にあるカラオケルームで録画したものです。男性は、こんなにお元気なのに要介護3なんです。おかしいと思いませんか」

そう関係者が言うように、グレーのセーターを着た初老の男性は、小川知子と谷村新司のデュエット曲「忘れていいの」を熱唱していた。男性はリズムに合わせて身体を左右に揺らし、デュエット相手の女性職員と見つめ合う場面も。とにかく男性は気持ちよさそうだ。食事、排泄、入浴、移動などの日常生活の動作について、頻繁に介助を必要とする「要介護3」の状態にはとても見えないのである。

「この方は認知症もなくカラオケが大好きで、カラオケをしたいがために週5日、うちのデイサービスに通っていました。要介護3から介護度を下げられてしまうと、週5日通えなくなってしまうため、うちに勤務しているケアマネから、『介護認定の調査では、歩けないと言いなさい』『送迎車の乗降は一人で歩いてできないと言いなさい』『トイレには行けず、ベッドの中で尿瓶を使っていると言いなさい』と指導されたと聞きました。嘘の申告をして、介護保険を不正受給してる疑いがあります。こんなことを放置していいのでしょうか」

関係者は怒りを込めて、こう続ける。

「重度の要介護の方が、実は健康で海外旅行に出かけたケースもあります。介助できる子どもがたくさんいるにもかかわらず、介護保険サービスを使って自宅にヘルパーを呼ぶ人など、介護保険が不正に使われている例はたくさんありますよ」

こうした人たちがどれほどいるか正確な数字は不明だが、約11兆5000億円もかかる介護費用のなかには、不正をしている人の費用も含まれている現状がある。

自治体による特養「ベッド買い」とは？

介護費用のうち介護サービス別の費用を見てみると、最も多いのが特養で、前年（2022年）度と比べ2・2％増加し、2兆713億円だ。次いで、介護老人保健施設（老健）、デイサービスの順である。

膨大な介護費用からもわかるとおり、介護に関わる業界では、多くのカネが動いている。しかも、こうした介護に関する統計データに含まれていないカネも多くある。例えば特養をめぐって、かつてこんな報道があった。

〈特養「ベッド買い」止まらず　自治体、補助金で入所枠確保〉

少し古いが2018年1月12日の朝日新聞の記事だ。また同紙では、

〈特養入所枠　まるで商取引　自治体「1床50万円」社会福祉法人「協議にならぬ」〉（同日）

と、別の見出しでも記事を掲載している。まずは記事の概要を解説しよう。

日本の高齢化が進むなか、当時も特養への入所希望者が急増していた。報道時点では、全国で約36万人が入所待機していた状況であり、特養は介護が必要な高齢者にとって生活の基盤となる重要な施設だった。特養は公的施設であるため費用が比較的安価で、多くの人がその入所を希望しているが、そこに「ベッド買い」という慣行が存在していたことを、朝日新聞が大きく報じたのである。

「ベッド買い」とは、自治体が他地域の特養に対して補助金を支払い、自分の地域

の住民が優先的に入所できる枠を確保する仕組み。例えば、東京のA区の住民が、遠く離れたC市の特養に優先的に入れる枠を確保するという意味だ。

この仕組みは、特養の入所は本来、介護の必要度や家族の状況などに基づいて公平に判断されるべきであるという介護保険制度の趣旨に反している可能性がある。

介護保険制度は全国の40歳以上の国民が支える仕組みであり、〝すべての人が平等に福祉サービスを受けること〟が前提となっている。しかし、「ベッド買い」によって、特定の自治体の住民が優先される不公平な状況が生じていたのだ。

当時の朝日新聞によれば、この「ベッド買い」が行われる背景には、特養の新設が都市部では難しいという現実があったと報じている。土地の取得が困難であることや、建設費用が高額であることから、多くの自治体が新しい施設を建設することを躊躇していた。そのため、自治体は新たな特養を建設するよりも、既存の特養に補助金を支払って自分の住民用の入所枠を確保するほうがコストを抑えられると考え、「ベッド買い」に頼ることが多くなっていたそうだ。

しかし、この「ベッド買い」には法的な問題も含まれていると朝日新聞は指摘する。2002年には、三重県川越町が特養の入所枠を確保するために補助金を支出したことが違法とされた裁判があった。この判決では、特養の入所者が特定の市町村の住民に限定されることが介護保険法に違反するという判断が下された。それにもかかわらず、当時もベッド買いは続いていた状況であり、これは介護保険制度の公平性を損ねているとの批判の声もあると報じたのだった。

自治体は、高齢化が進むなかで特養の入所待機者を減らすというプレッシャーを抱えており、「ベッド買い」を通じて一時的に入所枠を確保する手段に頼っていた。しかし、これは他の自治体の住民が不利になるという不公平な結果を生むことがあり、制度の趣旨に反しているといえる。C市の住民がC市の特養に入ることができず、A区の住民が優先的に入所できるのは、たしかに不公平だろう。カネがある自治体に住んでいるほうが、優位というのは実におかしな話だ。

現実の介護ニーズに対応するための「苦肉の策」

朝日新聞の取材によれば、当時、東京都内の23区および近隣5市のうち、23区市で、特養を運営する社会福祉法人と「ベッド買い」に関する協定を結んでいたことが確認されている。これにより、特定の自治体の住民が優先的に入所できる状況が続いていると報じていた。

こうした「ベッド買い」は、実はかなり昔から行われてきている。例えば2007年9月に東京・三鷹市の厚生委員会や、2013年2月の東京・文京区の厚生委員会、2013年度の東京・新宿区外部評価委員会の議事録を見ても、「ベッド買い」が議題に上っているのだ。当時の議事録の概要を説明しよう。

三鷹市では、特養を運営する社会福祉法人との間で、全床を三鷹市民のために優先的に提供するという口頭での約束がなされていたと記されている。これは、介護保険制度が開始される前の時代に見られた「ベッド買い」の名残である。当時、三鷹市では特養に対する補助金を提供し、その見返りとして市民が優先的に入所できるようにしていたが、介護保険制度が導入された後はこのような仕組みは廃止されていた。しかし、議事録では、依然として市が特養に補助金を提供し、実質的に市民が優先的に入所できるような形を模索していることが明らかになっている。

三鷹市内の特養は非常に競争が激しく、当時は494人もの入所待機者が存在していた。この待機者のなかには、在宅介護が困難な高齢者や一刻も早く特養に入らなければならない人も含まれているが、全員が即座に入所を必要としているわけではない。特養に入るための待機場所として、三鷹市は某ケアハウスに20床を確保し、特養が空くまでの一時的な受け入れ先として活用するなどの対策を講じていた。


議事録の中では、特養の建設資金に関しても言及されている。特養の建設には国や東京都からの補助金が提供されており、2007年度には1ベッドあたり398万円の補助があった。しかし、土地の取得費用に対する助成金は翌年度で終了する見込みであり、今後、特養の新設がますます難しくなる可能性が示唆されていた。

特養の入所に関しては、2003年以降、介護の必要性が高い人を優先的に入所させるような指針が示されている。

例えば、一人暮らしで在宅での介護が難しい人や要介護度が高い人が優先される仕組みだ。一方で、要介護度が低く、家族のサポートがある場合は、入所の優先順位が低くなる。しかし三鷹市のように、特養の入所は、自治体と施設の間で直接的に契約が結ばれることになり、最終的な判断は特養側が行うことが記されていた。

さらに2013年度新宿区外部評価委員会で行われた「ベッド買い」に関する審議では、特養への入所枠を確保するための助成金の使用が議論されていた。この会議では、新宿区が区内外にある特養に対して補助金を支払い、区民が優先的に入所できる枠を確保している現状が報告されている。

当時、新宿区内には7つの特養があった。さらに区外の23施設に対しても、区民が優先して入所できるように、特養の建設費用や整備費用を助成する「ベッド買い」の仕組みが採用されている。新宿区では、区外の施設に補助金を提供し、その見返りとして、各施設で1割から3割程度の入所枠が区民のために確保されていたのだ。

補助金の支払いは一括ではなく分割で行われ、補助金の支払いが完了した後も、区民の優先入所枠は維持される仕組みになっていたという。この優先入所枠は、在宅生活が困難な高齢者にとって重要なセーフティーネットとして機能しており、とくに要介護度が高い人が優先されていた。そして、1カ月から1年以内には、ほとんどの希望者が入所できる状況が報告されている。

また、新宿区の地価が非常に高いため、新たに特養を建設することが難しい現状が指摘されている。そのため、区外の施設に助成を行い、入所枠を確保する方針が、コストパフォーマンスの高い手段として評価されていたのだ。

こうした議事録からわかるのは、「ベッド買い」と呼ばれる自治体による特養の入所枠確保の仕組みが、介護保険制度の原則に反するものの、現実の介護ニーズに対応するために一部で脈々と続けられてきたということだ。特養の入所待機者の増加や新設施設の建設困難という問題に直面するなかで、自治体が住民のためにベッドを確保しようとする動きは、以前から見られていたのだ。

自治体と特養の不適切な関係

先の朝日新聞の報道を受けて、加藤勝信厚労相（当時）は、閣議後の記者会見で、この問題について「一部聞き取りを始めている」と述べ、実態を把握するための調査を進めていることを発表している。また、特養は介護が必要な人を優先的に入所させるべきと省令で定められていることを強調し、基準に従って適切な対応がなされるよう、各自治体に周知徹底を図る方針を示した。

ところがこの「ベッド買い」は、今でも密かに存在していると明かすのは、都内の特養に勤める男性職員だ。

この職員は、今も「ベッド買い」が密かに続けられている理由の根底には、特養と自治体の間に、不適切な関係があるからだと話した。一体どういうことなのか。この職員はこう話す。

「一部の特養では、都道府県や市区町村の役人の天下り先になっています。実際にうちの社会福祉法人も、天下りがたくさんいます。彼らを雇い入れるのは、社会福祉法人側にもメリットがあるからなんです」

そのメリットの一つがカネだ。

日本の介護保険制度は、すべての国民が必要な介護サービスを平等に受けられることを目指して設計されていることは先に記した。しかし、自治体ごとに施設の運営や財政支援の方法が異なる実態があり、その結果、介護サービスの質や提供内容に格差が生じているのだ。こうした地域格差の背景には、自治体の財政状況や政策の違いが深く関わっている。

その例が、「公設民営」の施設だ。公設民営とは、自治体が施設を建設し、その運営を社会福祉法人や民間企業に委託する形態である。施設の建設費用や大規模改修の費用は自治体が負担し、運営は専門的な知識や経験を持つ法人が担う。こうした形態は、公共の予算で設置された施設を効率よく運営し、高齢者に質の高いサービスを提供するための方法として広く用いられている。しかし、この運営形態は、自治体による財政支援や運営への関与が強く、地域によって提供されるサービスの質や施設の整備状況に差が出るという問題を含んでいる。

ある公設民営の特養では、施設の大規模改修が必要になった際に自治体が全額予算を負担し、施設の改修を行っている。

一方で、別の自治体にある公設民営の特養では、施設改修に対する支援が限定的であり、特養を運営する社会福祉法人が自己資金で改修を行わなければならなかった。

この違いは、自治体の財政状況や福祉政策の優先度に大きく依存している。財政的に余裕のある自治体では、手厚い支援が可能である一方、厳しい財政状況にある自治体では支援が限られ、その結果、施設の質にも影響が及ぶ。このような状況は、介護保険制度が掲げる「平等なサービス提供」という理念からも逸脱しているといえる。

また、社会福祉法人にとっても、「公設民営」の形態は、財政的な負担が軽減されるという点で大きなメリットがある。施設の建設費用や大規模な改修費用を自治体が負担するため、社会福祉法人は自己資金を大幅に節約することができる。これにより、利用者に対して比較的低料金で介護サービスを提供できるため、利用者にとっても経済的な負担が軽減されるという利点がある。しかし、財政支援が期待できない自治体にある特養は、建設・改修費用は社会福祉法人が捻出しなくてはならない。

先の職員が続ける。

「例えば大規模改修費などで自治体にどのくらい負担してもらえるかは、法人の経営に大きく関わる問題です。そこで法人が有利になるよう、天下りを受け入れるのです。うちでは役員の多くが地方自治体の元役人の天下り。以前、元役人が天下ってくることになったとき、うちの常務が『今度はカネを持ってこれるのが来る』と話していました。カネを持ってくるというのは、大規模改修に際して自治体の予算をたくさん引っ張ってくることができるという意味です」

天下りとは、自治体の役人が退職後に社会福祉法人の幹部として再就職することを指す。もちろん天下りを受け入れるのは、社会福祉法人にとって自治体との関係を良好に保ち、財政支援を受けやすくするためだと職員は言う。しかし、こうした役人の再就職は、自治体と社会福祉法人の間に癒着の疑いを生じさせる原因となり、財政支援の透明性が損なわれるリスクがある。特養の運営に関する意思決定が、元役人の影響下で行われることによって、公平性が失われる可能性があるのだ。

社会福祉法人への財政支援に関しては、透明性の確保が強く求められる。特養は公的な予算で建設・運営されているため、利用者や地域住民に対してその運営状況を明らかにし、適正に行われていることを示す必要がある。しかし、実際には、財務情報の開示が不十分であったり、運営に関する監査が形式的に行われている場合も多く、透明性が確保されているとは言い難い状況が続いている。

職員が言う。

「自治体によって社会福祉法人に対する財政支援の仕組みや運営への関与度合いが統一されていないことは、あまり知られていません。そのため社会で問題提起されたこともほとんどありません。国は公平な介護サービスを掲げながら、こうした問題に対して対応をしてきませんでした。制度が統一されていないことで、結果的に天下りの元役人が、そこに付け込んでくる。透明性に欠けた運営が今も行われている現状があります。元役人のうち天下りの常務は、かつて職員の前で堂々と、『私には経験がないから権力が必要だ』などと言い放っていました。その常務は後にセクハラ問題を起こして自主退職しましたが、このような人物は今もいます。自治体は『知識や経験を生かすため』と再就職事業を通じて役人を社会福祉法人に天下りさせていますが、実態はこの程度です。福祉業界のレベルが低いのはこんなところにもあります」

「天下り官僚」が施設の守護神に

そして天下りの存在は、施設側にとってこんなメリットもあるという。

「これまで、うちの施設では大きなニュースになってもおかしくないような事件が起きています」

そう話すのは別の職員だ。

「例えば、身寄りのない入所者が亡くなった際、なぜか施設が遺骨を預かったものの、約6年間も放置したままにしていたことがありました。その間、遺骨を粗大ごみ置き場で保管していたことも、倉庫に置いていたこともあった。事務所が仮移転したときには事務室の棚の中に放置されていたこともあったんです。その後、遺族に引き渡したといいますが、そんな運営をしているような施設です。入所者に他人の薬を飲ませる重大ミスを起こしたこともある。その入所者は亡くなりましたが、関係者に向けて事故が起きたことは説明したものの、その後、どうなったのか職員の私もよくわかりません。また、入所者によって施設を放火され消防車が駆けつける事件も起きました」

いずれも大したニュースにはならず、当時の幹部たちは気にも留めていなかったと職員は証言した。それだけではない。２０２２年には利用者への食事介助中に窒息事故を起こしている。この日、職員は事務所内で信じられない光景を目にしたという。

「事故が起きた日の夕方、事務所の中に管理職や相談員が集まっていたのですが、彼女らは事故の様子をネタに談笑していたのです。人が亡くなっているというのに、どういう神経をしているのかと驚きました」

私の手元に、そのときの様子を録音した音声データがある。数人の女性が事故当時の様子を語り合いながら、高らかと笑い声をあげている信じられない音声が収録されていた。

私は当時、この施設を運営する社会福祉法人に、窒息事故が本当にあったのか、事故当時、職員が談笑していた事実があったのかなど確認をするため取材を申し込んだ。すると、広報担当者は文書で概ねこう答えた。

「利用者にかかる事故（死亡・入院）については、保険者（介護保険の運営主体）である市区町村などに報告しており、適切に対応しております。なお、年度と事故内容により個人が特定できることから、詳細については差し控えます」

こちらの質問をはぐらかした返答だった。事故の事実や談笑の有無について何ひとつ答えようとしていないのがよくわかる。ちなみに、この事故も一切報道はされていない。度重なる事故を起こしても、施設は今も通常通り運営されているのである。

前出の職員が続ける。

「幹部が自治体にどのような報告をしているのかはわかりませんが、結局、天下りがたくさんいるおかげで、おおごとにもならず、行政処分も受けずに済んでいるのだろうと思えてなりません」

自治体からの天下りは今も各地で行われている。例えば２０２４年10月、奈良県は2022年度末に退職した職員の再就職状況について報告した。その結果、多くの職員が再就職していることが明らかとなっている。対象となった管理職は75人で、そのうち60人が再就職を果たしており、再就職率は実に約80％に達しているという。そのなかでもとくに注目したいのが、退職後に社会福祉法人などに再就職する「天下り」の実態だ。

奈良県では、管理職が退職後に再就職する場合、再就職先が県関係の機関や団体である場合が多い。2022年度には、再就職した60人のうち26人が「天下り」として、県に関連する機関へ移っている。この数字は前年よりやや減少しているものの、依然として大多数の退職者が県の外郭団体などに再雇用されている。再就職先として、県内の関連機関や団体、さらには民間企業や社会福祉法人も含まれているのだ。

同様の状況は他県でも見られ、兵庫県では退職した幹部職員の多くが再就職しており、そのなかでも「天下り」として関連団体や社会福祉法人への再就職も確認できた。このような再就職は、公的機関に長年勤務してきた経験を活かす形で行われているが、一方で、利益相反や透明性の欠如が懸念される。癒着の疑いを持たれないような制度設計と運営体制が必要なのは言うまでもないだろう。

有名女優の元夫が関与「社会福祉法人の乗っ取り事件」

社会福祉法人をめぐっては、最近、こんな報道があった。

〈福祉法人理事長交代めぐり贈収賄容疑で4人逮捕〉

NHKでそう報じられたのは2024年10月16日のことだ。三重県鈴鹿市にある社会福祉法人の理事を別の人物に変更する見返りに、同法人の元理事長らが現金3500万円を受け取ったとし、この元理事長らを含む4人が社会福祉法違反の贈収賄の疑いで逮捕されたという内容だ。

社会部記者が解説する。

「社会福祉法人の乗っ取り事件は近年、全国的に相次いで起きている。本来、社会福祉法人は助成金や補助金など公的資金が投入されていることからも非営利性が求められています。そのため、合併や事業譲渡は認められているものの、社会福祉法人の運営権を売買して利益を得ることは禁じられている。公益性や透明性が求められているだけに税制優遇もされているため、うま味のある事業といえます。そんなうま味のある社会福祉法人の売買は以前から水面下で行われているといわれており、そこには反社の影がちらつくことも。事実、法人を乗っ取り、理事会の承認も得ず法人の資金が着服されたという事件もある」

この社会福祉法人の元理事長はトヨタ系の自動車販売会社の会長も務めていたといい、法人を違法に購入した側の容疑者は、有名女優の元夫らだ。

「元理事長らは、法人合併や買収を仲介するサイトに、この社会福祉法人の売却情報を掲載していました。同法人は鈴鹿市内で特養やデイサービスを運営しており、福祉が食い物にされた事件といえます。実は逮捕された女優の元夫らには〝前〟がある。静岡市の社会福祉法人を買収したことで逮捕された過去があるのです。同法人の口座から7400万円を横領し、業務上横領罪と社会福祉法違反に問われていました。彼らは2024年8月、執行猶予付きの有罪判決が下されていますが、今回の事件は、静岡で彼らが起こした事件を契機に鈴鹿市が監査を行い、乗っ取りが発覚しています」

社会福祉法人の乗っ取り事件は、この三重県や静岡県以外にも山梨県、福岡県、東京都などでも発覚しているが、まだ発覚していないものの水面下で売買されている法人はあるといわれており、福祉がカネ儲けの道具になっている現実があるのだ。

全国各地で横行する介護保険の「横領」

介護とカネをめぐる問題で、最も根深いのが介護事業者による不正請求である。介護保険という公金を横領する悪質な行為が後を絶たない。

2024年だけでも、さまざまな事業者が不正請求を行っている。例えば埼玉県では地域密着型の通所介護サービス事業所が、最低限必要な介護職員を配置していなかったにもかかわらず、通常の介護報酬を請求するなどの不正を行ったとして、指定取り消しの処分を受けている。兵庫県では訪問看護ステーションを運営する企業が、訪問件数を水増ししたり、介護予防訪問看護サービスを行っていないにもかかわらず複数人でサービスをしたかのように装い、架空の請求を行った。徳島県では、利用者を実際よりも要介護度が高いと偽り、介護報酬を不正に水増ししていたことが発覚している。

まだまだある。福岡県のグループホームでは勤務実態のない職員を市に届け出て、介護保険を不正に得ていた。新潟県の訪問介護事業所では、訪問介護員の無資格者が行ったサービスを有資格者が行ったと虚偽の書類を作成し、介護報酬を不正に受け取っていた。群馬県の通所介護事業所では、常駐すべき看護職員がいないにもかかわらず、タイムカードを捏造《ねつぞう》して出勤を装い、やはり不正に介護報酬を得ていた。こうした例は枚挙に暇《いとま》がない。全国各地で公金を搾取する行為が横行しているのが実態だ。

そうした手口の主なものは、不正請求、虚偽答弁、虚偽申請、人員基準違反だろう。とくに、厚労省の指導・監査によって明らかにされた不正のなかで最も多いのが、不正請求である。

不正請求、虚偽答弁、虚偽申請、人員基準違反

不正請求とは、実際には提供していない介護サービスを提供したと偽り、介護報酬を不正に請求する行為を指す。例えば、訪問介護の現場でヘルパーが実際には訪問していないにもかかわらず、サービスを提供したと虚偽の記録を作成して報酬を請求する事例が代表的である。また、提供されたサービスの時間や内容を誇張し、過剰に請求する「過剰請求」も広く行われている。

虚偽答弁は、監査や調査に対して事業者が意図的に虚偽の情報を提供する行為だ。これは不正を隠蔽するために行われ、介護サービスの適正な運営を妨げる。例えば、監査時に「すべてのサービスが適切に実施されている」と虚偽の説明をし、実際には基準に達していないサービスが提供されていたことが後から発覚するケースもある。

また虚偽申請とは、事業所が介護保険の認可や補助金を申請する際に、実際の状況と異なる内容を記載して申請を行うことである。これにより本来受け取るべきではない介護報酬や補助金を不正に取得する。例えば、介護施設が必要な人員基準を

満たしていないにもかかわらず、基準を満たしていると虚偽の申請を行う事例が報告されている。

そして人員基準違反とは、介護サービスを提供する上で必要な最低限の人員を確保せずに運営を続ける行為である。介護施設では、看護師や介護職員が法令で定められた人数に達していないにもかかわらず、サービスを提供し続けることが少なくない。これは、サービスの質を著しく低下させ、高齢者の安全を脅かす重大な違反である。

厚労省の2022年度の報告によれば、1335件の監査が実施され、そのうち487件で改善報告が求められ、288件で改善勧告が行われた。しかし、これらの数字はあくまで監査が実施された事業所に限ったものであり、実際には監査すら行われていない事業所が多く存在する。とくに、全国の自治体のうち、約50・1％しか集団指導を実施していない現状を鑑みると、不正が行われている可能性がある施設はさらに多いのは言うまでもない。

ちなみに、介護サービスにおける人員配置基準は、介護の質を保つために欠かせない要素だが、地域ごとの実情に合わせた運用がなされている実態があることも付け加えておきたい。その背景には、国が定めた基準をベースに、各自治体が独自のルールを設定することが可能であるためだ。このような地域ごとの独自の規定が、いわゆる「ローカルルール」とされて運用されていることは、一般的にはあまり知られていない。

介護を難解にする「ローカルルール」の存在

ローカルルールとは、厚労省が示した基準に基づき、各自治体が地域の状況に応じて追加や変更を加える独自の規定を指す。

具体的には、介護施設の管理者や職員の兼務に関する条件が異なることが多い。例えば、ある自治体では管理者が他の職種を兼務することが許されているが、その際には兼務できる職種の数や割合が厳格に規定されている。また、他の自治体では「同一敷地内での兼務のみを認める」といった限定条件が設けられていることもある。こうしたルールは、介護サービスの質を維持するための措置だが、地域ごとに運用が異なるため、介護現場における実際の運用にはばらつきが生じている。

ローカルルールが導入された背景には、地方分権改革と高齢化の進行が大きく影響している。各地域が抱える介護ニーズは大きく異なる現状がある。人口減少が進む地域では、介護人材の確保が困難であり、一方で都市部では介護サービスの需要が急増している。このような地域ごとの状況に対応するため、自治体ごとに柔軟な基準が求められた結果、ローカルルールがつくられたと思われる。

しかし、ローカルルールにはいくつかの問題点もある。

まず、地域ごとにルールが異なることで、サービスの質や職員の負担に不均衡が生じる可能性がある。ある地域では管理者が複数の職種を兼務することが認められているが、他の地域では兼務が厳しく制限されている。こうした違いが、介護従事者の業務負担や労働環境などに影響を及ぼす。

また、事業者が複数の自治体で介護サービスを展開する場合、自治体ごとの基準に対応するために追加の手続きや調整が必要となり、運営コストが増大するという側面もある。もっとも地域ごとに運用ルールが異なっているということは、利用者はあまり気付かない。「うちは全職員のうち、○割以上が○年以上の介護経験者」というのをアピールしている施設があったとしても、もともとローカルルールで決められているケースもあるため、同じ地域の施設で、そうアピールをしていなくても同条件だったりする。

ローカルルールにより、施設にいる生活相談員が機能訓練指導員を兼務しているケースもあるなど、全国で運営が統一されているわけではないのだ。

特定事業者による利用者の「囲い込み」

〈居宅介護支援に係る特定事業所集中減算の適正な適用について〉

そう題された事務連絡が、厚労省から各都道府県・市区町村の介護保険主管課宛てに送られたのは2024年8月13日のこと。

厚労省は全国の介護保険担当部署に対し、表題に関する通達を発出している。この通達は、介護サービスを提供する事業所が報酬を適正に申告していない事例が複数確認されたことを示すものである。

繰り返すが介護保険制度とは、介護が必要な高齢者や障害者が支援を受けられるように、国や自治体が運営する仕組みである。介護サービスを提供する事業所は、利用者に対して訪問介護やデイサービスを行い、その対価を自治体に請求する。この報酬は、利用者の一部負担と税金や保険料で賄われており、公正な管理が求められているのは言うまでもない。

「特定事業所集中減算」とは、特定の法人に介護を依存させることで、利用者の選択肢が不当に狭められないようにするために導入された制度である。具体的には、居宅介護支援事業所がサービスを提供する際、特定の法人への依存度が全体の80%を超える場合に、報酬を減額するという仕組みである。

この制度の背景には、一部の介護事業法人が利用者を「囲い込む」ことで、自社グループ内のサービスを優先して紹介するという問題が起きていたことにある。こうした行為は利用者の自由な選択を阻害するため、特定事業所集中減算はその抑止策として設けられた。

ところが、会計検査院の調査によると、全国19の市区町村で、26の介護事業所が特定事業所集中減算を適正に行っていなかったことが確認されたのだ。これらの事業所は、特定の法人に依存してサービスを提供していたにもかかわらず、減算を免れるために正確な報告をしていなかった可能性がある。例えば、複数の訪問介護事業所が関わる計画を一つとして数えるべきところを、わざと重複して数えて報告することで、実際には依存度が高いにもかかわらず、減算対象外とされた事例が見受けられた。また、特定の事業所に対する紹介率を計算する際に、意図的に数値を過小に申告していた事例もあった。

こうした誤りの原因として、単なる計算ミスや基準の誤解も含まれるだろうが、業界全体で指摘されている「囲い込み」の問題を踏まえると、一部の事業者が故意に減算を回避しようとした可能性も十分に考えられる。過去にも、介護事業者が利用者を囲い込むために、自社のグループ企業にのみサービスを紹介し、競合他社を排除するような行為が問題視されてきた。これに対する監視や指導が十分でない地域では、今回のような不正が発生しやすい環境にあった可能性がある。

さらに、特定事業所集中減算の制度自体にも抜け穴が存在している。介護事業所が一度に提供するサービスが多数に及ぶ場合、報告に時間がかかることが多く、データの提供が遅れることで自治体が適正な確認を行う前に減算対象の期間が過ぎてしまうこともある。こうしたシステムの不備を悪用して、事後的な確認では対応が困難になるような不正が行われているのではないかという懸念がある。

厚労省は、こうした事態を受け、全国の市区町村に対し、特定事業所集中減算の適用を厳格に確認するよう求めたのだ。

国の税金が不正に請求されている

また、会計検査院が内閣に送付した「令和4年度決算検査報告」によると、介護保険に関する費用が本来よりも多く支払われていた事例が複数明らかになっている。全国各地の市区町村で、国から支払われる介護給付費や負担金の交付額が過大となっており、その総額は1億4844万円に達していた。この過剰な支出は、税金を使った国の支援制度の不備を浮き彫りにするもので、介護保険制度の問題点が改めて浮き彫りになった。

介護保険制度における費用は、利用者の保険料と税金で賄われる。具体的には、「介護給付費」として介護サービスの提供にかかる費用のうち、利用者の自己負担分を除いた部分を国と地方自治体が負担する。国の負担は25％、都道府県と市区町村がそれぞれ12・5％を負担し、残りの50％を介護保険料で賄う。

ところが、一部の市区町村では、介護給付費を計算する際に「施設介護」と「在宅介護」の区分を誤るケースがあった。これは本来、国の負担割合が低い施設介護サービスを、負担割合が高い在宅介護サービスとして計上したものであり、会計検査院の調査によってその実態が明らかになっている。

例えば、千葉県香取郡神崎町では、２０１６年度から19年度にかけて、施設介護の費用をすべて在宅介護として計上し、その結果、国からの負担金が４８３万円も過大に支払われていた。

また、通所介護（デイサービス）においても不正な加算が行われていたことが明らかになっている。18の事業者が基準を満たしていないにもかかわらず、理学療法士や看護職員が十分に配置されていない状態で加算を行い、その結果、75の市区町村で5722万円の過大支払いが発生した。このうち1653万円は国からの不正支出であった。

このような会計検査院の報告は、介護保険制度の運用において地方自治体や介護事業者が正確な処理を行っていないことを浮き彫りにしている。介護保険制度は、高齢者やその家族が安心して介護サービスを利用できるようにつくられたものであるが、運用に不備があればサービスの質が低下し、最も必要な支援が届かなくなる。また、税金の無駄遣いは国民全体に影響を及ぼすため、適切な運用が求められる。

「第三者評価機関」は信用できない!?

2024年には中部地方の施設で、介護保険の不正請求が問題となった企業が、運営していた全国の事業所の多くを閉鎖したとの報道があった。そのニュースを報じたあるテレビ番組では、コメンテーターが「今後は施設運営の透明性が求められます」などとコメントをしていた。福祉事業者には、透明性を担保するため長年にわたって福祉サービス第三者評価という制度が導入されてきた経緯がある。

福祉サービス第三者評価とは、都道府県や社会福祉協議会などが認定した法人や機関が、公正・中立な第三者の立場から、福祉事業者を評価するものだ。

東京都では、公益財団法人東京都福祉保健財団のホームページを見ると、どの介護施設に、どんな評価がされているのか、どこの第三者評価機関や法人が評価したかが検索できる。何人の利用者に対して、どんな質問を行い、どういう結果だったかということも一目でわかるようになっているのだ。介護施設をはじめとする福祉事業者は、こうした第三者評価機関に評価されていることで、事業の透明性を担保している。

ところが、都内の特養で事務職をしているベテランの職員はこう明かす。

「第三者評価機関にも天下りや、地方自治体からの再就職者がいます。うちの特養の上層部も天下りです。ですから、うちは上層部の知り合いがいる第三者評価機関に評価を依頼していますが、それが本当に公正・中立で、透明性があるかといえば、相当怪しいですよ」

ちなみに、入居者が死亡し遺族と裁判で争っていたケースを先に紹介したが、その訴訟が起こされた施設の第三者評価を見てみた。すると、〈医療に関する情報や支援内容を高い精度で共有できるようになりました〉〈利用者アンケートにおいて満足度は高く、介護職・専門職の努力により利用者の生活が支えられています〉などと講評が記されていた。つまり、第三者評価機関から高い評価を受けていたのだ。

「第三者評価機関は、天下りだけでなく、施設と利害関係があれば利益相反の関係になるケースもありますし、公正・中立でない場合もあるのが実情です。機関によっては評価のばらつきもあります」

前出のベテラン事務職員はそう言う。「第三者評価機関」が関与していれば、透明性が高く安心な施設と思われがちだが、決して公正・中立かつ完璧な評価を下しているわけではないという実情があるのだ。

「訪問歯科」の不正実態

「介護をめぐる不正で、これまであまり注目されてきていない問題もあります。それが、介護施設に出向いて行う訪問歯科です。この訪問歯科の不正は、実態としてかなり多く行われているはずです」

そう語るのは中部地方で働く歯科衛生士の杉山博子さん（仮名）だ。

訪問歯科をめぐる不正で最近注目されたのが、2024年10月に兵庫県西宮市の医療法人社団の歯科医院が介護報酬を不正に受け取っていたとの報道だ。この医院が運営する介護事業所は、通院が困難な要介護者や要支援者の自宅を訪問し、歯磨き指導や口腔内の健康状態を助言する介護保険サービスを行っていた。

介護保険法では、歯科医師による訪問は月に2回、歯科衛生士は月に4回までと規定されているが、市の調査によると、2022年9月から24年3月にかけて、実際には歯科医師が訪問していないにもかかわらず、歯科衛生士の訪問回数に合わせて月2回の指導がされたかのように虚偽の報告が行われていたのである。不正請求は約9600件にのぼり、総額で約3600万円の介護報酬が不正に受給されていたという。こうした事態に同医療法人は、ホームページで謝罪文を掲載。訪問診療における介護報酬の請求に関して誤った認識を持っていたことが不正受給の原因であると釈明し、市の監査によりその事実が明らかになったと説明している。

だが、こうした歯科医院による不正は水面下で多く行われている実態があると杉山さんは言う。

日本の歯科医院は、倒産や廃業が相次いでいるのが現状だ。民間調査会社の帝国データバンクが2024年11月6日に公表したレポートによると、同年10月までに126件の歯科医院（歯科医）が倒産や休廃業・解散（廃業）に追い込まれたとのことだ。2023年通年の件数（104件）と比較しても記録的なペースで歯科医院が減っている。歯科医の高齢化に加え、歯科衛生士等の人材不足、物価高騰に伴う歯科用材料費等の値上げによって、収益確保が厳しい状況になっているという。

そうした状況に置かれた歯科業界のなかで、彼女が勤務しているのは、介護施設をメインとした訪問歯科だ。

「訪問歯科の現場は患者の口腔ケアよりも利益を優先しているケースが多い」

杉山さんは言う。一体どういうことか。彼女は一枚のメモを差し出しながらこう続けた。

「これは介護施設に訪問診療に行ったとき、どの患者さんに、どんな診療を行ったかを一覧にしたものです。患者さんごとに対応した時間が記されていますが、このリストをもとにレセプト屋さんと呼ばれる担当者が診療報酬の請求手続きを行います。しかし、このリストの内容は事実とは全く違うんです」

メモにはこうある。例えばAさんに朝9時から9時20分まで口腔ケアを行ったと記されている。次の患者Bさんには、9時23分から9時43分まで同じく口腔ケアを行ったとある。リストには20名ほどの名前が記されていたが、衛生士による口腔ケアや歯科医による治療を各人20分行い、次の患者を診るまでに各3分間隔で記されていた。

「まず、一人の患者さんを20分診るというケースは非常に少ないです。なかには5分も診ればいいほうという方もいらっしゃる。しかし全員20分診たことにする。それは診療報酬を不正に得るためです」

2024年度に歯科の診療報酬制度が改定されたものの、それまでは「20分ルール」といったものが存在しており、20分以上患者を診た場合、より多くの診療報酬を得ることができた。そのため、つい最近まで診療時間を偽装していたというわけだ。

「高齢者施設に訪問する際は、歯科医と衛生士、コーディネーターの3人で回ることが多いです。コーディネーターは、車の運転や事務関係を行う助手というイメージですが、以前私がいた病院ではコーディネーターが歯科医よりも偉そうにしていました。とにかく利益を多く出すため、コーディネーターが事前にリストを作成し、『次は、この人に行ってください』『この人は、診なくていいです』などと指示を出す。歯科医や衛生士は患者さんのためにと思っていても、そのコーディネーターは少しでも利益を多く出すことに職業的な生きがいを感じていたのでしょう。とんでもない数の人数を診るよう指示を出し、私たちはそれに従っていました」

杉山さんは続ける。

「リストにあるように、次の患者さんまでの間隔が3分というのもあり得ないです。とくに高齢者のリハビリ施設などに行く場合は、患者さんがリハビリ中だったりするため順番どおりに診られません。患者さんがいる居室まで移動し、診察の用意や片付けをする時間もありますので、ぴったり3分で次の方を診るというのはあり得ない。こうして不正がバレバレのタイムスケジュールになっているときは、病院にいるレセプト屋さんが気を利かせて、『これではまずいから、こうしていいですか』と歯科医の許可を得て、不正がバレないように調整して診療報酬を請求していました」

高齢者を食い物にする錬金術

訪問歯科は、「外来に比べて加算点数が高く、経費率も低い」と杉山さんは言う。つまり、やり方次第では儲かるというわけだ。ただし、さまざまな決まりがある。例えば、利用者は訪問歯科診療所から半径16キロ以内の自宅や施設に限られ、その距離を超えると保険適用外になるなどのルールがあるそうだ。しかし、そうしたルールの盲点をついた運用がが行われていると明かした。

「16キロを超えた老人ホームに訪問診療するため、16キロの外に新たな歯科医院をつくって、そこを拠点にして訪問診療をしている病院もあります。例えば歯科医院を作って医師を一人常駐させ、ホワイトニングくらいしかやらない。儲からなくてもいいんです。16キロの範囲を広げることが目的だからです。なかには、アパートの一室に、使えるかどうかもわからないような診察台を置いて、形だけ歯科医院を開設しているかのように見せている。ほとんど患者は来ないため、スタッフの親族を診たことにしてカルテを偽造している医院があると聞いたこともあります」

こうした不正の他にも、訪問歯科には別の問題があると話すのは都内の訪問歯科で働く武田信子さん（仮名）だ。彼女も歯科衛生士として働いている。

「訪問歯科医院に高齢者施設を仲介する業者というのがいます。表向きはコンサルタントですが、高齢者施設と訪問歯科医をマッチングさせ、高齢者1名につきいくらという形で、歯科医から紹介料をとっている。高齢者施設では入居者の入れ替わりもありますから、そのたびに紹介料をとる。施設側は利用者に対して、提携している歯科医がいますと言って、紹介を行う。高齢者施設には通常、2つくらい提携している歯科医がいますが、仲介業者が紹介した訪問歯科医を入居者に勧めるんです。本来、入居者にはどこで受診するかの選択肢があるはずです。しかし、施設側は入居者に対して、『こちらの歯科医のほうが、評判がいいですよ』とか『こちらの歯科医のほうがうちの入居者がよく利用していますよ』といった具合に特定の歯科医を選ばせるよう誘導しています。仲介業者から紹介された歯科医を選んでもらったほうが、融通が利くからです」

武田さんは、かつて現場でこんな経験をしている。

「施設職員の態度が横柄でも、お得意様ですから彼らの言いなりになっています。例えば車椅子の方を洗面台まで移動させて口腔ケアを行うとき、施設の職員が『やっておいて』と言うんです。本来私たちが利用者の方を介助することはできません。なかには車椅子の操作に慣れていない歯科医や衛生士もいます。それでも、施設の職員の『やっておいて』という命令に従わざるを得ないので、私たちがベッドから車椅子に乗せ、口腔ケアが終わったら再びベッドまで運ぶということをやったこともあります」

先の杉山さんも、施設との間でこんなトラブルがあったと打ち明ける。

「訪問診療の数日後、施設の方からものすごい剣幕で電話があり、『入居者さんの入れ歯がない』と言うのです。認知症だったようですが、その方が『歯科医が入れ歯を持っていった』と言っているそうなんですね。だけど、私たちが入れ歯を持ち帰るはずもありません。そう職員に説明しても、『全額、そちらの費用で新しく作って』と言われたこともありました。こうした入れ歯の紛失トラブルはよくあります。結局、引き出しの中で発見されたなんてこともありました」

武田さんの話によれば、訪問歯科医はとにかく数をこなすことで利益が出るという、朝から晩まで一つの高齢者施設の入居者を診ることで稼げる仕組みだという。

「歯科治療を積極的に受けたがらない方もいれば、そもそも治療の必要がない方もいます。言い方は悪いですが、そうした高齢者にも、『口腔ケアは受けたほうがいい』と施設が利用を仕向けてくれます。だから訪問歯科医側にとって施設には頭が上がらないという側面もあると思います」

もちろんルールを守り、志を持った訪問歯科医が多いのは言うまでもない。だが、彼女たちが証言したように、高齢者施設と訪問歯科医、仲介業者が、まるで高齢者を食い物にしているような例があることもまた事実である。

介護付き有料老人ホームでは月額30万円は必要

「介護とカネ」の話題で、これから介護問題を控えている人にとって最も気になる点の一つは、介護には一体いくら必要なのか、ということだろう。

こうした質問に対する回答でよく用いられるのが、公益財団法人生命保険文化センターが3年に一度行っている調査だ。「令和3年度 生命保険に関する全国実態調査」では、介護に要した費用（公的介護保険サービスの自己負担費用を含む）のうち、1カ月あたり平均で8・3万円だ。前回の調査では7・8万円であるから、微増していることがわかる。ちなみに、在宅では4・8万円、施設では12・2万円が平均額だ。

だが、この数字はあくまでも参考値であり、介護度や住んでいる地域、家族の状況など、さまざまな要素で大きく変わってくる。そもそも、この調査では、「過去3年間に、高齢で要介護状態（寝たきりや認知症など）になった家族や親族の介護費用（公的介護保険サービスの自己負担費用を含む）はおよそいくらぐらいですか」などというような聞き方をしているため、介護費用の細かい内訳などはよくわからないということもあり、あくまでも目安だ。

一方、厚労省の資料の中にも施設サービス自己負担の1カ月あたりの目安を示したものがある。こちらは介護施設のなかでも安価な特養に入った場合の目安が記されている。それによると、要介護5の人が特養のユニット型個室を利用した場合は、次のとおりだ。

施設サービス費　約2万8650円（1割分。介護保険を使わないと約28万6500円）
居住費　約6万1980円
食費　約4万3350円
日常生活費　約1万円
合計　約14万3980円

こちらも地域などによって居住費や生活費にばらつきがあるため一概にはいえないというのが前提だ。先の生命保険文化センターの調査では施設介護の平均が12・2万円だったが、厚労省の目安額は少し割高となっている。

ただし、これは安いケースだと思っていたほうがよい。なぜなら、特養に入る場合と、介護付き有料老人ホームに入る場合とでは、全く金額が異なるからだ。当たり前だが、どんな介護を受けるかによっても金額は大きく違う。

例えば介護付き有料老人ホームでは、居住費だけで15万円かかる施設は珍しくない。むしろ地域によっては安いほうだ。これに、先ほどの食費約4万3350円、日常生活費約1万円を加えても20万円は超える。実際には、もっと大幅に超えるだろう。さらに介護保険を使って月に自己負担で3万円のサービスを受けると仮定して、他に電気・水道代、アクティビティーの材料代、予防接種代、理美容代など、こまごまとした費用を入れれば、月に30万円近くになる。都心では、それでも驚くほど高額とは言えない。

さらに入居時に一時金がかかる施設もある。入居一時金は無料の施設もあれば、高額なケースでは数千万円など幅広い。私が知っている最高額は約5億円という施設もあるくらいだ。入居一時金は、入居期間によって償却されるため、途中で退去すればある程度返金される施設もあるが、それでも入居時には、それなりの金額が手元に必要である。

つまり、どういう介護生活を望んでいるかによって介護にかかる金額は大きく異なるわけだが、少なくともいえるのは、安価な特養に入るにも月15万円くらいかかるのが目安ということだ。総務省統計局のデータによれば、2人以上の世帯のうち1カ月の平均実収入は高齢無職世帯で約20万円である。夫が特養に入って月に15万円を支出したとすると、残された妻の収入は5万円ということになる。もちろんこれは単純計算に過ぎないが、仮に夫婦2人が特養に入った場合は赤字となってしまうのだ。

こんなケースもある。要介護4の母親を神奈川県の自宅で介護している女性会社員（54歳）はこう話す。

「父が他界し、今は母親と二人暮らしをしています。持ち家ですので家賃はかかりません。母親は要介護4で、週に2回訪問介護を受けています。また、入浴するのが目的でデイサービスにも週に2、3回通っています。これだけで数万円の介護費用がかかっており、介護用ベッドと歩行器のレンタル、紙おむつ代、これに食費や宅配の弁当、光熱費なども入れれば、ざっと15万円くらいだと思います。掃除や洗濯など身の回りの世話は、私が休みの日にしていますが、もし年金しか収入のない母親が賃貸住宅で一人暮らしをしていたら、介護サービスを受けながら自宅で生活していくのは無理だと思います」

介護における「目に見えないコスト」

介護にかかる費用には、目に見えないコストも存在する。介護が必要になることで、家族が負う経済的・精神的な負担は計り知れない。例えば、家族の誰かが介護を担うために仕事を辞めたり、働く時間を減らしたりすることは少なくない。こうした「介護離職」や「労働時間の制約」は、その家庭における収入の減少や、今後のキャリア形成に深刻な影響を与えるだろう。介護にかかる費用とは、単に施設やサービスに支払う金額だけではなく、家族の働き方や生活スタイル全般に影響を及ぼす広範な負担を含んでいるものである。

また、金銭的な負担だけでなく家族が介護を担うことによる精神的なストレス、時間的な拘束、そして家庭内での役割の変化も、見えないコストとして存在している。とくに認知症の在宅介護では、24時間の見守りが必要な場合も多く、介護者が常に緊張を強いられる状況に追い込まれることがある。このような精神的な負担を軽減するために、一時的に介護を外部に委託する「レスパイトケア」も利用されるが、これにもまた別途の費用がかかることになる。

予期しない出費も多い。介護用ベッドや車椅子などの介護用品、住宅改修費用も無視できない負担になる場合がある。

自宅で介護を続けるために家の中の段差をなくしたり、手すりを取り付けたりするなどの住宅改修を行う必要が出てくることはよくある。これらの改修には介護保険による助成もあるが、ある程度の自己負担も必要になる。また、介護が長期化することで、介護用具の買い替えやメンテナンス費用もかかる。これらは一度きりの出費ではなく、継続的に発生するコストだ。

介護をしている家族の負担感が積み重なると、家庭内での軋轢《あつれき》が生じることも多々ある。最悪の場合は、介護者自身の健康状態が悪化し、新たな医療費や介護費用が発生するという負の連鎖に陥るリスクもある。

こうして、介護にかかるお金は、介護サービスに対する直接的な支出だけでなく、家庭全体の経済状況や生活の質に大きな影響を及ぼす複雑な問題である。

第五章　死のタブーと壊れる家族

日本は約3・5人に1人が65歳以上

多死社会――。年間の死亡者数が増え続ける社会のことを指し、まさに日本は今、多死社会を迎えている。日本の多死社会が進行する主な理由は「高齢化」と「少子化」であることは言うまでもない。高齢者の割合が急速に増加していることが、多死社会の背景にある。とくに戦後の1947年から49年にかけて生まれた多くの人口を構成する団塊の世代が現在高齢化を迎えている。彼らが次々に寿命を迎えることで、高齢化による死亡者数の増加が一層顕著になる。

それに加え、少子化によって新たに生まれてくる子どもの数が減っていることも大きな要因だ。子どもの数が減る一方で高齢者が増え続け、死亡する人の数が出生する人数を大きく上回る状況が生まれている。このまま推移すると遠い将来、日本の人口は数字の上ではゼロになってしまう。少なくとも、年間の死亡者数は今後も増え続けていくと考えられている。

国立社会保障・人口問題研究所の調べによると、2020年時点で、日本の総人口は約1億2615万人で、そのうち65歳以上の高齢者は約3603万人であった。

つまり、すでに日本は約3・5人に1人が65歳以上という状況だ。さらに今後も高齢者人口は増加を続け、2043年には日本の人口の約38・7%、すなわち2・6人に1人が65歳以上になると予測されている。

死亡者数についても、2040年には年間で約167万人が亡くなると見込まれている。これは現在の年間死亡者数と比べても大幅に増加しており、これから社会全体で亡くなる人が増えることで、多死社会の進行が一層顕著になると見られている。すでに始まっている高齢化、多死社会が進むなかで、今後、人の〝死〟が今より身近なものになってくるだろう。

介護施設での「看取り」の現実

「うちの施設は看取りまで行っていました」

都内の介護施設に勤めていた元職員は、私の取材にそう話したことがある。いわゆる老人ホームには看取りを行わないとする施設も多く、人生の最期までケアができるというのは、その施設のウリにもなる。

ところが、この元職員に看取りの実情をよく聞いてみると、私が想像していた「看取り」と、施設側が実際に行っていた「看取り」とでは、大きな隔たりがあることに気付いた。

介護施設での看取りとは、亡くなる寸前まで家族や職員が高齢者に寄り添い、安らかに眠る姿を見届けるものだとイメージしていた。施設の部屋に家族などが泊まり込み、時には手を握ってお別れの時間をともに過ごすのが、看取りだと私は思っていた。ちなみに、これまで住んでいた居室で看取りを行う施設もあれば、最期の段階に近づくと緩和ケア室に移動するケースもあり、その対応は施設によってもバラバラだ。この施設では、緩和ケア室に移動して看取りを行うとのことだった。

驚いたのは、この施設では家族が緩和ケア室に泊まることはできないというのだ。私のイメージでは、緩和ケア室には添い寝用ベッドがあり、家族と過ごすことができると思い込んでいた。なぜ家族が泊まれないのかと元職員に聞くと、安全上の理由などから家族は居室に泊まることができず、待合所を用意していると語った。安全上の理由とは何かと聞くと、室内で家族が怪我をしたとか、不測の事態が起こっても施設では責任が持てないということのようだ。ではお世話になった職員が最期まで高齢者に寄り添ってくれているのかといえば、そうではなく、時々見回りにくる程度だという。それは、亡くなったかどうか、確認するために時々居室を訪れると言っているようも聞こえた。

看取りについて、介護施設の見解はさまざまだ。当然、看取られる本人や、看取る家族によっても、いろいろな考えがあるだろう。

死と向き合わない日本人

「人生会議」――。介護や医療の現場で、こうしたキーワードを耳にしたことがあるだろうか。

人生会議とは、本人が望む医療やケアについて、家族や医療・ケアチームと事前に話し合い、その意思を共有する取り組みである。これにより、本人が自分の意思を伝えられなくなった場合でも、事前の話し合いに基づいて最適な医療やケアを受けることが可能となる。

厚生労働省によれば、２０１７年度に実施した調査で、国民の約55％が人生の最終段階における医療やケアについて家族と話し合った経験がないことが明らかになっている。この背景には、日本社会で死や終末期医療に関する話題が避けられる文化的要因があるとされている。しかし、この状況を改善し、多くの人が自分の最期をより良いものにする準備を進めるために、厚労省は「人生の最終段階における医療・ケアの決定プロセスに関するガイドライン」を策定した。

こうしたガイドライン策定の動きがあるということは、裏を返すと死を迎える本人の意向が置き去りになっている現状があるからだ。以前、親族を看取った経験がある人と話す機会があったが、その彼はこう言った。

「容体が急変し、その後本人が亡くなってしまった。生前、本人と死について話し合ったことが一度もなく後悔した」

もし医師から「延命しますか」と判断を求められていたら、どう答えていたのか今でもわからないとも言った。なかには本人の意向を無視し、家族が治療やケアの方針を決めたというケースも少なくない。55％もの人が、人生の最終段階について話し合いをしていないというのは、日本では死について話し合うことがタブー視されていることも理由の一つだろう。

どこで誰と死を迎えたいのか

このガイドラインは、高齢化が進む社会において、終末期医療のあり方を根本から見直し、本人の意思を最大限に尊重しながら医療やケアを選択できる環境を整えるための重要な指針だ。これは単なる医療手続きのマニュアルではなく、人生の終末期において本人がどのように生き、最期を迎えたいかを考えるための指針となる。

このガイドラインで重要な概念として導入されたのが「アドバンス・ケア・プランニング（ＡＣＰ）」だ。ＡＣＰとは将来の医療やケアについて、本人が希望することを家族や医療・介護従事者とともに話し合い、共有する取り組みのことだ。ＡＣＰをより親しみやすく普及させるために厚労省が中心となり「人生会議」という名称が付けられた経緯がある。この愛称は２０１８年11月に発表され、家族や信頼できる人々と日常的に話し合えるような親しみやすさを持つことから選ばれた。人生会議では、患者自身が家族や医療・ケアチームと、事前に自分が望む医療やケアについて繰り返し話し合い、その意思を文書化し、共有する取り組みが行われる。これにより、患者が意思を表明できなくなった場合でも、その希望に沿った治療を行うことが可能となる。

例えば、最期の時を迎える際の療養場所の希望や、誰と一緒にいたいか、どのような環境で過ごしたいかなどの本人の意思を事前に確認し共有しておく。延命治療を望むか、人工呼吸器の使用や心肺蘇生の実施はどうするか、栄養補給のための点滴などを希望するか。苦痛が強い場合、多少意識が低下しても鎮痛薬を用いることを望むかなど、細かいことまで本人と、家族、医療従事者、ケアのチームで話し合っておくのだ。他にも、自分の意思が伝えられない状態になった場合、信頼する人（代理意思決定者）を誰にするか、財産の管理や相続に関する希望はあるかなど、本人の意思を最大限に尊重できるような体制づくりを目指す取り組みが進められている。

「自分らしい最期」を実現するために

もう少し具体的な例を紹介したい。日本能率協会総合研究所が2020年3月にまとめた「人生の最終段階における意思決定支援」の事例集には複数の具体的ケースが載っている。その事例を簡単にまとめてみた。

ケース1

自宅で最期を迎えたいと強く願う90歳男性。その強い意向を支えるため、家族と医療チームが人生会議を重ねた。男性は「入院は望まない。妻が過ごした自宅で、妻と同じベッドで最期を迎えたい」という強い意思を持ち続けていた。一方、遠方に住む息子たちは、父の療養を施設で受けるほうが安心だと考えており、意見が対立していた。

人生会議の場で、医療チームは本人の強い意向を家族に伝え続け、何度も話し合いを重ねた。ケアマネが遠方の息子たちに「危険な状態なので必ず来てください」と連絡を取り、担当者会議を開催したことで、最終的に家族は父の希望を理解し、

「本人のためにならない延命はしない」と合意に至った。このようにACPの過程を通じて、本人の希望を最優先に尊重することが、最期まで自宅で過ごすという本人の願いを実現する重要な要素となった。

ケース2

80歳の女性は、病院への入院を望まず、最期まで自宅で過ごしたいという強い意向を持っていた。この意思を支えるため、専門医、訪問看護師、ケアマネらによる多職種チームが定期的な訪問とICTツール（情報通信技術）を活用した支援を行った。本人は「入院も検査もしたくない」との明確な希望を示しつつも、期待されるリハビリなどには応える柔軟な姿勢も見せていた。

家族である妹は「姉の意思に従いたい」と、本人の希望を尊重する考えを持ち続けた。チームは家族と連携し、人生会議を通じて本人の意向を共有。訪問時に得た情報をICTツールで詳細に共有することで、「本人だったらどう考えるか」を常に念頭に置いた支援を行い続けた。このACPの取り組みにより、最終的に本人は家族に囲まれながら、自宅で穏やかに最期を迎えた。

ケース3

75歳の独居男性が、自宅にある多くの本を読み切るため、自宅で過ごしたいという希望を持ち続けていた。膀胱がんを患いながらも、病院での療養を望まず「家に帰りたい」との意向を示した。ケアチームは退院前のカンファレンスを実施し、本人が自宅療養を選ぶことができるよう支援した。

本人の意向は明確であったが、一人での生活に不安も抱えていたため、ケアチームは「今後どのように過ごしたいか」をじっくりと聞き出し、退院後の生活を具体的にイメージさせるようにした。ケースワーカーや訪問看護師がカンファレンスに参加し、退院後も定期的な外来受診の際に本人の意向を確認することで、本人の希望を尊重する支援体制が整った。本人の「家には多くの本があり、それを読み切りたい」という言葉をチームで共有し、それに応じた支援を実施したことで、最期まで自宅で過ごすという本人の希望が叶った。

ケース4

認知症を患う82歳の女性は、「住み慣れた街で最期まで過ごしたい」という意向を持っていた。彼女はグループホームで暮らしながら、自宅のような安心感を求めており、延命治療を望まないという意思も示していた。一方、家族である長男は、母の希望を尊重したいと考えながらも、病状の進行に伴う急変時の対応に不安を抱いていた。

介護職員と家族は、本人のこれまでの性格や生活をふまえた選択肢について繰り返し話し合った。とくに食事量や日常生活動作の低下が見られた際に行われた人生会議では、本人の希望を再確認し、延命措置を行わず、住み慣れたグループホームでの生活を最期まで続ける方針を決定した。ＡＣＰのプロセスにおいて、家族と医療・介護チームが連携し続け、本人の尊厳を守りながら、本人の望む形での看取りが実現された。

これらの例は、人生会議やＡＣＰの過程を通じて、本人の意向を尊重し、最期までその意思に寄り添った取り組みがなされていたことがわかる。各事例において、家族やケアチームとの対話が、本人の望む「自分らしい最期」を実現するための重要な要素であることが明らかとなった例である。

こうしたガイドラインの策定は、2007年に報道された人工呼吸器取り外し事件を契機として、終末期医療における意思決定を本人が主体的に行うことを目指したものだ。

その後、2015年には「終末期医療」から「人生の最終段階における医療」へと名称が変更され、本人の価値観や生き方をより尊重する姿勢が強調されるようになった。医療の現場では、医師が主導権を持ちやすい傾向にあるが、介護職員や家族も一体となって、本人が望む最期の迎え方を支えることが求められている。

だが、現状では「人生会議」の考え方が広く世の中に浸透しているとは言い難い。2017年度の調査結果が示すように、多くの国民が人生の最終段階について家族と話し合うことを避けている状況は依然として続いている。死に関する話題を避ける文化的な背景や、日常生活で最期について考える機会が、急激に変わることは考え難い。そのため、人生会議の普及に向けた啓発活動はますます重要となってくる。

人生会議は、単に本人が希望を述べるだけでなく、それを実現するために医療・ケアチーム全体で取り組むプロセスである。本人が意思を示すことが難しい場合でも、事前に話し合ってきた内容をもとに、家族や医療者が最善の判断を下すことが求められる。このように、人生会議は医療現場だけでなく、地域や家庭でも取り入れられるべき取り組みであり、患者の尊厳を守りながら、家族や医療者が協力して最良の医療やケアを提供するための基盤となる。

介護が家族を破壊する

介護をめぐる問題で、あまり表沙汰にならない話の一つが、家族間のトラブルだ。家族の中で、介護をする側とされる側、あるいは介護をする側同士で揉《も》め事が起こるケースは珍しいことではない。そうしたトラブルで家族関係が修復不能な状況に発展することさえある。

もちろん、さまざまなケースがあるが、次に紹介するのは、私の元に届いた、自らの体験談を綴った手紙だ。掲載の許可を得て、介護が家族を壊したという実体験の一部を紹介する。

手紙の主は中部地方に住む50代の柿崎文子さん（仮名）だ。手紙の冒頭には、こう記されていた。

〈日本の介護は、日本人特有のメンタリティーと社会通念から家族への負担が大きいと思います。それは家庭崩壊を招くこともあり、私の家族関係も介護を通じて崩壊しました〉

柿崎さんには離れて暮らす両親がいる。父親は92歳という高齢で、要介護2。もともとは地方自治体の職員だった父親は認知症を患っている。簡易的な認知機能テスト「長谷川式認知症スケール」では0点。自分の年齢も言えないほど、重度の認知症である。

母親は87歳。約10年前に脳梗塞で倒れ、後遺症で右半身に麻痺が残っている。同じく長谷川式認知症スケールでは中等度の認知症で、要介護1だ。

柿崎さんは実家で暮らす高齢の両親が老老介護の状態だと手紙には記している。

ただ、幸いにも母親はリハビリ病院を退院した当時、言語障害は残ったものの自宅で生活できるまでに回復したと記している。

〈（母が退院した当時は）高齢の父が元気だったので母の面倒を見たり、二人で旅行に行ったりと、その後はそれなりに元気に生活をしていました〉

「両親を介護してきた分の金銭を払え」

柿崎さんは三姉妹の真ん中だ。6歳上の姉と1歳下の妹がおり、姉と妹は両親の家の近くに住んでいる。とくに妹はパート先も実家の近くだという。一方、柿崎さんは海外で働いており5年ほど前に帰国し、現在は中部地方で働いている。

そんな三姉妹だが、両親との関係性においては三者三様だった。例えば長女は、ある事情から約20年前に両親と不仲になっており、親とは一切連絡を取っていない状況が続いていたそうだ。妹は、実家から徒歩5分の場所に住んでおり、両親の様子を見るため、しばしば実家に顔を出している。柿崎さんについては、両親との関係は良好であるものの、仕事の関係で海外や県外で長く暮らしていたこともあって、妹ほど頻繁に実家へ顔を出せる状況ではなかった。ただし、最近は月に数回程度、実家へ行って両親の様子を見ることは続けていた。

また、姉妹間にも微妙な関係があり、柿崎さんは数年前までは姉と疎遠だったが、妹とは良好な関係が続いていた。ところが、ある日を境に、柿崎さんと妹の関係に亀裂が入り始める。

〈父が背骨を骨折したことにより認知症が進み、（妹は父の）入院の件を知らせてこなかった〉

約4年前のことだ。その一件で柿崎さんと三女は言い合いになる。

〈私のＬＩＮＥを読まないなど、仲が悪くなっていきました〉

それでも柿崎さんは月に3、4回程度は実家へ顔を出し、とくに何をするわけでもないが、両親の様子を見ていたという。

父親は、この入院以降、柿崎さんのことを認識できなくなった。

〈調子が良いときは気づいてくれたりしますが、誰が見ても完全に重度の認知症です〉

そう当時の父親の様子を手紙に記している。一方の母親も認知症であることは先に記していたとおりだ。その母親は、好き嫌いが激しい性格で、何かのスイッチが入ると認知症を感じさせない喋《しゃべ》り方になるときもあるそうだ。私も過去に、見た目では認知症だとは気付かなかった人がいる。柿崎さんの母親も同じように、短時間の接触だけでは認知症だとわからないときもあるという。

父親の入院で、大きく変わったことが、もう一つある。

〈父が入院して以降、三女が実家の金銭管理をするようになり、両親の通帳や印鑑を握ってしまいました。私は両親がどこの銀行にいくら預貯金を預けているのか、年金の額、生命保険のこと、実家の登記簿謄本など資産的なことは一切知らされない状態となりました〉

こうした状態が約2年間続いたという。そして2023年の夏、実家を訪れた際、異変が起きた。

それまで一切連絡をしてこなかった妹から、怒りを込めたLINEが届いたという。

〈清算金の話があるから〉

そんな内容だったという。このLINEを見て、柿崎さんは首を傾げた。清算金とは一体何のことだろうと思ったのだ。ただ、妹と仲違いしたままの状態が続くのはよくないと考え、両親双方の親戚を同席させたうえで、一度会って話をすることになったという。柿崎さんは妹と和解をしたいと考えていた。

ところが、話し合いは行われたものの、和解どころか、さらに亀裂が深まっていく。妹の主張はこうだ。

〈(これまで両親を)介護してきた分の金銭を払えとの要求でした。母が倒れてから7年分の介護費用を払え！　しかし4年分は父と一緒に面倒を見たから割り引いて、3年分、1カ月5万円×36カ月＝180万円を払えというものでした〉

妹は、「実家にはお金がない」と言いつつも、現時点でどのくらい預貯金があるのかという大雑把な話すら柿崎さんには教えないという姿勢を見せた。だが、父親は元公務員であり、全くお金がないはずはないと柿崎さんは言う。十分な退職金や年金もあるはずで、かつては実家と別に不動産を所有しており、その売却益もあるはずだと思ったそうだ。

お金がない両親に代わって介護費用を妹が負担してきたため、その分の費用を支払えとの要求だが、そうした妹が話すストーリーをにわかに信じ難いと思いながら聞いていたと、柿崎さんは当時を振り返った。

姉妹が弁護士を立て対立

妹は柿崎さんが金銭を払わないのであれば、今後は柿崎さんが両親の介護をするよう要求してきた。もし今後も介護ができないのであれば、毎月5万円を支払うよう求めてきたというのだ。

手紙によれば、父親は退院後、週4回デイサービスに通っていたという。母親も週2回、デイサービスに通っていたが、約2年前に〈母自身のわがままから行かなくなりました〉とあり、現在は実家で暮らしている。妹は両親と同居しているわけではなく、実家へ顔を出していただけだ。その間、柿崎さんも時々実家を訪れている。その頻度の差はあるものの、妹が言う「介護が大変だった」との主張は腑に落ちないと、思っていた。話し合いで強硬な態度を崩さない妹を見て、柿崎さんは内心怒り心頭だったという。だが、親戚が同席していたこともあり、込み上げてくる怒りを抑え込んだ。

結局、話し合いの席で妹と和解をすることはなかった。決まったことといえば、次の方針くらいだった。

〈介護関係者とのやり取りをする〝主介護人〟を三女から私に変わることになりました。しかしお金の管理は今まで通り三女がするという、なんとも変な話で私が主介護人となりました〉

そして柿崎さんはケアマネやデイサービス、ヘルパー事業者と面談をし、自身が今後主たる介護人になることを伝えた。妹からは、週2回頼んでいるヘルパーが来ない日は弁当を買って用意すること、宅配業者は使わないこと、などと指示されたという。

そんな妹の要求も受け入れ、両親に弁当を届け、病院に連れていくなどして日々が過ぎていった。どうしても仕事で遠方に出張しなければならない時期は叔母に協力を仰いだこともあるが、それ以外は主体的に両親の介護に追われる日々を過ごした。

話し合いに同席していた親族からは、こう言われたという。

「三女の言い分は支離滅裂。あなた（柿崎さん）が働いていることをわかっていて、あえて無茶を言っている。もう第三者を立てるしかない」

第三者とは、つまり弁護士のことを指すという。今後、妹とのやり取りの際には、弁護士に間に入ってもらうということだろう。しかし、弁護士に仲介を依頼するとなると、今後姉妹の縁は断絶されることを覚悟しなくてはならない。そうした選択は、なるべくなら避けたいと思っていた。そのため、しばらくの間は妹の言い分を聞き入れる努力をしてみよう、両親の介護がどんなに大変なのかを理解することも大切だろう、と思い直し、三女の言うとおりに動いてみることを決めた。

だが、仕事との両立は想像以上にきつく、とくに介護関係者とのやり取りや、信頼関係の構築に多くの労力を要した。

そんな生活をなんとか続けていた柿崎さんの前に、再び妹が立ちはだかった。

〈あることがきっかけで三女が難癖をつけ始め、無理難題を言ってくるようになりました。親戚の力を借りずに一人でやれとか、清算金の件で職場に電話するとかです〉

妹の豹変《ひょうへん》ぶりに戸惑うばかりだったという。とにかく頭ごなしの命令ばかり。〈早い話が、家政婦扱いです〉と、当時を振り返っている。

柿崎さんは当時のケアマネに相談し、妹から金銭を要求されていることを打ち明け、送られてきたＬＩＮＥを見せるなどして協力を仰いだ。

また長女に相談をすると、成年後見人を立てるべく弁護士に依頼しようということになった。その際は、三女にわからないように動くことにした。

成年後見制度

成年後見人とは、認知症などによって判断能力が不十分な高齢者らの権利や財産を保護するために選任される代理人のことだ。こうした成年後見制度は、判断能力の低下に対応するために設けられており、法的な手続きや財産の管理を本人に代わって行うことができる。

　この成年後見制度について、もう少し補足しよう。成年後見制度は、大きく「任意後見」と「法定後見」の2種類に分類される。

　任意後見は本人が判断能力を有している時点で、将来的に判断能力が低下した場合に備えるものだ。後見人となる人を事前に指定することで、本人の意思に基づく支援が可能となる。

　一方、法定後見は本人の判断能力がすでに低下している場合に、家庭裁判所が後見人を選任する制度だ。法定後見は、本人の判断能力の程度に応じて「後見」「保佐」「補助」の3類型に分けられる。判断能力が著しく不十分な場合は「後見」、中程度の場合は「保佐」となる。

　成年後見人になると、本人に代わって財産の管理や法的手続きを行える。例えば、不動産の売買、銀行口座の管理、介護施設との契約などの重要な契約を本人の代理として行える。もちろん、本人の利益を最優先に考えて行動することが求められる。

　また保佐人は、本人が重要な契約を締結する際に同意を与えるなど、本人を支援することができる。後見人ほどの広範な権限は持たないが、本人の利益を守るために適切なサポートを行うのが保佐人だ。

こうした成年後見制度を利用したほうがいいという考えは、柿崎さんも姉も同じだったという。両親の預貯金や年金額、資産がわかれば、どのようなランクの介護施設に入れるのか、また今のまま在宅介護は可能なのかなど、将来の計画が立てられる。さらに、両親のお金は両親二人で使うべきだという考えも姉と一致したという。

一方で三女は「両親にお金はない」との主張を貫いており、とにかく介護をするうえでも余計なお金は使わないよう、目くじらを立てることばかりだったと柿崎さんは手紙に記している。

〈例えば私には「両親が食べる弁当は自腹で買ってこい」という有様でした〉

こうした状況のなか、水面下では柿崎さんと姉、ケアマネと話し合いに参加した親族とで、成年後見人の手続きに向けて打ち合わせを続けていた。

そして弁護士を探し、三女が両親の金銭管理をしていること、三女が両親の資産を開示しないため施設に入れる準備ができないことなどを相談。最初の相談は無料で受けてもらったという。

成年後見人をめぐる壮絶バトル

２０２４年の初旬、再び事件は起きた。父親が徘徊をして、行方不明になってしまったのだ。幸いマンションの管理人が父親を見つけ、救急車で病院に搬送されたという。この状況を知って、黙っていなかったのは妹だ。

〈私に搬送先の病院へすぐに迎えに行けという話になりました。その際は仕事で遠方へ運転中でした。私は三女からの執拗なＬＩＮＥときつい言葉で精神的にも肉体的にも追い詰められ、この後、私自身が呼吸ができなくなり救急搬送に。病名は肺に穴が開く気胸でした〉

妹に病名を知られると、嫌がらせをされるのではないか。また無理難題を要求されるのではないかと思い、病名はケアマネだけに告げて療養生活に入った。ただ、いつまでも療養しているわけにはいかず、１カ月後、成年後見人を家庭裁判所へ申し立てるための手続きに動き出した。まずは、医師の診断書が必要であったため、両親を病院へ連れ出して診断書を作成してもらうことに成功した。その間、弁護士と相談しながら他の必要書類を揃え、やっと家庭裁判所に申請できることになった。両親が診断書を受け取ってから約2カ月かかった。

成年後見人を申し立てたことは、妹もすぐに把握した。家庭裁判所から妹に通知が行ったからだ。すぐに烈火のごとく怒った妹から電話が来たが、柿崎さんは「弁護士と話をして」と言って電話を切った。

だが、ここで引き下がるような妹ではなかった。この翌週、妹は両親を連れて銀行へ預金の引き出しに行ったという。しかし、柿崎さんが依頼した弁護士の動きは早かった。両親が預金していると思われる銀行に対して事件係属証明書を持っていくように、柿崎さんに指示していたのだ。

しかし、手続きは簡単にはいかなかった。なぜか銀行の担当者が「家族の問題は家庭で解決してください。なんでこっちがお宅の問題を被らないといけないのか、迷惑です」と暴言を吐いた。柿崎さんと銀行担当者の間でどういうやり取りがあったのか、詳細は不明だが、とにかく銀行との意思の疎通ができなかったようだ。そこで弁護士から銀行へ電話を入れてもらい、事なきを得た。おかげで両親を連れ出し銀行に行った妹は預金を引き出すことができなかった。

弁護士からも、「家裁から連絡が行っているのに、普通は銀行に引き出しに行かない。妹さんはいい根性している」と呆《あき》れられる始末だったという。

その根性は弁護士が想像する以上だった。妹は家庭裁判所に成年後見人の申し立ての見直しをしてもらうべく再鑑定の要求を行ったのだ。再鑑定の申し立ては、本人、配偶者、4親等内の親族などが行うことができる。家庭裁判所の書記官からは「公平性を保つために再鑑定をします。日時はあなたの弁護士に連絡する」と伝えられた。

ところが一向に連絡は来ない。しびれを切らして裁判所に確認をすると、すでに再鑑定は終わっているとのことだった。

妹は認知症の両親を裁判所へ連れていくのは無理なので、自宅で再鑑定をしてほしいと依頼していたという。しかも、その席には妹が同席。鑑定方法は長谷川式認知症スケールだったという。柿崎さんは妹がいるなかで鑑定をしたことに、大いに不信感を抱いた。しかも、書記官は「成年後見人の申立人の弁護士に連絡する必要はありません」と前言を翻したことにも衝撃を受けたという。

だが、再鑑定の結果、父親には柿崎さんが成年後見人になることが確定。母親は後見人か保佐人のどちらかがつくと言われたものの、その時点で決定はされなかったという。

〈(母親)本人の意思確認が必要とのことで、家裁の調査官が自宅を訪問するとの弁護士からの連絡がありました〉

その後、調査官が自宅で聞き取りを行った。だがヘルパーさんの連絡により、その場に妹が来ていたことが判明する。妹は母親に「三女にすべてを任せている」と言えと練習させていましたと、ヘルパーから報告を受けた。だが、もうこの時点で、妹は何が何でも柿崎さんが成年後見人になることを阻止したいと考えているはずだと考えており、妹の行動に特段、驚くこともなくなっていた。

そして母親には保佐人が選任されることになったという。手紙が私に届いた時点では、まだすべての手続きが完了しているわけではなかった。柿崎さんは両親の預貯金や印鑑を預かっていないため、まだ介護関係の契約などができずにいた。

〈現場は待ったなしなので困っています〉

手紙にはそう記してあった。妹が家庭裁判所へ再鑑定の要求をしてから数えても、約3カ月半が経つ。

〈高齢者相手の係争にかかる時間があまりにも長く感じ〉

そう吐露するのもよくわかる。そして手紙にはこう締めくくられていた。

〈団塊世代が後期高齢者となり、このような家族の問題が多発するはずです。家庭間の問題は精神的だけでなく、肉体的、金銭的にも負担がかかります〉

手紙には、親の介護をめぐって家族関係が崩壊していく過程が生々しく描かれていた。家族間の対立する主張で困惑する様子から、制度の煩雑さに対する戸惑いまで、さまざまな問題が柿崎さんを襲った。そして彼女にとって介護はまだまだ続く。介護で家族が壊れることは決して他人事ではなく、誰もが直面し得る問題だろう。

「身元保証サービス」の役割

来院時心肺停止状態——。そう記された死亡診断者が私の手元にある。当時85歳の山根三郎さん（仮名）が亡くなったときのものだ。山根さんには妻や子どもがおらず、親しくしていた親族もいない。そのため、NPO法人が運営している身元保証サービスを契約していた。身元保証サービスとは一般的に、病院や介護施設に入る際に必要となる保証人の役割を担ったり、死後の事務手続きをサポートしたりするものだ。生前、介護が必要だった山根さんは、身元保証サービスを手掛けているNPO法人と契約をしてサポートを受けていた。

そんな山根さんの死亡診断書の直接死因の欄には「肺炎」と記され、発病または受傷から死亡までの期間は「約2日」とされている。

だが、この死亡診断書をよく見ると気になる点があった。死亡日時である。亡くなったのは某月29日の正午0時と記されていた。なぜそれが気になるのかといえば、山根さんが銀行で振り込みをしたことがわかる「ご利用明細」を関係者から入手したからだ。そのご利用明細には、山根さんが亡くなった翌月の18日に、どこかへ振り込みをした形跡が残っていたのだ。死後、約20日経った後、何者かが山根さんの銀行のキャッシュカードを使って、ATMから振り込みを行っていたことを意味する。ご利用明細には、振り込みのために利用した銀行の支店番号が載っていた。その番号から、どこのATMから振り込んだのかがわかる。調べてみると、そのATMは、山根さんが契約していた身元保証サービスを運営していたNPO法人の事務所近くだった。

ちなみに、死亡した人の預金を銀行から引き出すことは違法ではない。とはいえ、亡くなった事実を速やかに銀行に届け出て、銀行取引が停止されるのが一般的だ。財産保全の観点からも、多くの銀行がそうした運用をしている。もし親族などがなんらかの理由で死亡後に現金を引き出した場合は、死亡時の残高が相続財産になるため、領収書などを保管しておく必要がある。

山根さんの関係者によると、振り込み先は山根さんがかつて利用していた訪問介護事業所だった。退去時のクリーニング費用として10万円、おむつ代が約6000円、その他おしりふきや手袋代などを支払うためのお金だ。なぜ、そう言えるかといえば、この訪問介護事業所が山根さん宛てに「清算書」、つまり請求書を送っていたからだ。この死亡診断書と銀行のご利用明細から、山根さんは生前、NPO法人の「死後の事務手続きサービス」と契約していたことが推察できるのだ。

山根さんには「成年後見人」や「保佐人」はついていない。成年後見制度は、先に記したように認知症などにより判断能力がない人や、将来判断能力が低下する人の財産を管理するなどのため本人や裁判所が選任する。成年後見は、本人に代わって不動産や預貯金などの財産管理を行ったり、本人の希望や身体の状態、生活の様子などを考慮しながら必要な福祉サービスや医療が受けられるように、利用契約の締結を行える。また、医療費の支払いなどを行ったりもする。つまり、悪質な業者から騙《だま》されて契約させられないよう本人を守る役目を果たす。

一方で身元保証業者はどうか。ある司法書士によると、身元保証業者の大きな役割の一つが、入院時や介護施設入所時に身元保証を行ってくれることだ。他には、入院手続きや支払いの代行、医師との打ち合わせや、手術の同意書を代理で行うこともあるという。終末期の治療方針について医師と確認を行ったり、介護でいえばケアマネが作成したケアプランの確認や、通院の付き添いなどを行う業者もある。

だが、こうした業務はグレーな面も多いと前出の司法書士は語る。

「本人に代わって、各種の契約や介護施設にかかった費用を精算するケースがあるとします。契約内容が本人の不利益にならないか、請求された費用が本当に正しいかどうかを身元保証会社は確認する義務もありません。成年後見人は、本人の財産を守るという立場ですが、身元保証会社は本人を守るというより、代行が業務のメインです。つまり立場が異なる。そのため身元保証会社が、預貯金などの財産管理まで行う行為は、利益相反が生じることにもなりかねないのです。極端な例を挙げれば、悪徳介護事業者と身元保証会社がグルだった際、本人の財産を守るどころか、本人に代わってさまざまな契約を行って、財産を食い潰してしまうということが起こっても不思議ではない」

法的規制がないという死角

そうした話を前提とすると、山根さんが残した書類には腑に落ちない点がいくつもある。

例えば請求書の宛名が、亡くなった山根さん本人宛てになっていたが、山根さんへの請求が本当に事実に基づいた正しい請求か、確認のしようがないと思ったのだ。業者が架空のサービスを上乗せして山根さんに請求しても、サービスを受けた本人が亡くなっている今、請求金額が正しいかを、誰がどのように判断するのだろうか。事実、この事業所の請求額と、山根さんの銀行口座から振り込みされた額も合っていなかった。

またNPO法人は、生前の費用支払いのための預託金の取り扱いや残金の扱いについて、契約書および死後事務委任契約を締結しているのだろうかという点だ。さらにいえば、仮に故人となんらかの契約を交わしていたとしても、正しく契約どおりに手続きが行われていることをどう担保するのか。悪質な業者であれば、いくらでも理由をつけて、故人の預金を引き出すことができてしまう。

このNPO法人について関係者から話を聞くと、他にもいくつも〝怪しい点〟がつきまとっていた。

その最たるものは遺言書だ。山根さんが亡くなる約7カ月前に書かれた遺言書は、震える手で書いたような文字でこうあった。

〈遺言者は所有するすべての財産を遺贈する〉

遺贈とは相続人以外の者に財産を渡すことである。山根さんは遺言書の中で、ある女性の名前を挙げて、彼女に財産を遺贈すると記している。その女性は、山根さんを生前担当していたヘルパーだ。しかもこのヘルパーは長年山根さんを担当していたわけではないようで、このNPO法人の職員だった。

山根さんが亡くなった後、遺言書の存在を知った親族の一人は、自らの意志で本人が遺言書を書いたとは思えないと語っていた。

こうした身元保証を行う企業やNPO法人をめぐって、今、トラブルが頻発している。とくに問題となっているのは、サービス契約時に十分な説明がなされず、後になって高額な費用を請求されたり、死後の財産を業者に渡す契約が含まれていたりするケースだ。また、解約時に返金が行われないなど、利用者が不利益を被る事例も報告されている。これらのトラブルは、身元保証サービスが法的な規制や監督がないことから起こっているともいえるのだ。

疑惑のNPO法人

過去には、高齢者の財産を不正に取得しようとする事例も複数ある。2006年9月3日の産経新聞によると、鹿児島市の社会福祉法人が運営する在宅介護支援センターの元女性職員(45歳)が、利用者である90歳の女性の全財産を自分が受け取る内容の公正証書遺言を作成。元職員は「依頼されて作成した」と主張しているが、利用者の女性は「元職員に勧められた」と話しており、職員の立場を利用した不適切な行為が疑われたこともある。

もう少し具体的な例を見てみよう。愛知県では身元保証をめぐって、こんな裁判が行われており、2021年に地裁の判決があった。高齢者や障害者の生活支援サービスを行っているNPO法人が、高齢女性Aさんの相続人とAさんの預金を管理していた信用金庫を被告として裁判を行ったという事件だ。

83歳で亡くなったAさんには子どもや配偶者がいないため、彼女は生前、独り身の高齢者として愛知県内の養護老人ホームで生活を送っていた。老人ホームでは入居者に身元保証人を求めていたが、Aさんには頼れる親族が少なく、唯一の親族である甥や姪も身元保証人を辞退していた。

そうしたAさんの状況を知った施設の生活相談員は、身元保証サービスを提供していたNPO法人にAさんを紹介した。このNPO法人は、身元保証に加えて葬儀の手配や生活支援も行う団体として地域で活動しており、同じ施設に入居する他の高齢者の身元保証も複数手掛けていた。

実はこのNPO法人の代表者は、施設がある市の福祉事務所で副所長を務めていた夫がおり、地域の福祉施策にも深く関わる立場にあった。そのため、このNPO法人は市や社会福祉協議会と密接な関係を築いている。

この老人ホームでは入居者約32人のうち半数以上が、同NPO法人との間で身元保証契約を結んでいた。さらに、そのうち5人がNPO法人と死因贈与契約も締結しており、これにより、契約者の死後に遺産が同NPO法人に譲られることが定められていたのだ。Aさんもその一人である。Aさんは、このNPO法人と身元保証契約を締結し、不動産を除く全財産を同法人に遺贈する内容の死因贈与契約を結んでいた。Ａさんの預金は約６２０万円あり、同ＮＰＯ法人はこの預金も相続人に代わって受け取ることを望んでいた。

しかし、Ａさんの甥や姪にあたる相続人および信用金庫は、契約が公序良俗に反するものであると主張し、裁判で争うこととなった。裁判資料によれば、被告側（相続人である甥や姪と信用金庫）は死因贈与契約がＡさんのような身寄りの少ない高齢者の不安に付け込み、ＮＰＯ法人がその財産を不当に取得しようとしたものであると指摘。とくに、本件では同ＮＰＯ法人と老人ホームの間に密接な関係があることから、このＮＰＯ法人が施設を利用して高齢者から利益を得ようとしていたと疑われた。

遺産目当ての契約だった

裁判では、契約内容の不透明性も問題視された。身元保証契約の内容には、登録料20万円、予備費5万円、管理費15万円、葬儀支援費用30万円、納骨支援費用10万円など、合計90万円以上の料金が含まれていた。しかし、これらの費用の具体的な内訳が明示されておらず、病院や介護施設での身元保証に関連する業務の詳細が記されていなかった。さらに、契約書は私署証書であり、公正証書ではなかったため、Aさんの真意や具体的な希望が反映されているかは不明だ。

また、契約履行の可否についても疑問が残った。身元保証契約には、病院や施設から退院・退所を求められた際にその身元を引き取るという義務が含まれていたが、同法人は介護を必要とする高齢者を受け入れる施設を有していなかった。このため、契約内容を履行することは事実上不可能であり、この点が被告側から強く問題視された。さらに、医療行為の同意についても、第三者が同意を行うことは委任に適さず、その契約内容が不適切であると判断された。

裁判所は、NPO法人がAさんに提供したサービス内容が不透明であり、契約が実際の対価に見合わないものであったことを理由に、同法人の請求を棄却した。判決理由として、NPO法人がAさんの財産を取得することを目的に契約を締結していたこと、施設側と同法人との間に特別な関係があり、その関係が契約の斡旋に影響を及ぼしていたことが挙げられた。とくに、NPO法人の代表者の夫が市の福祉事務所で副所長を務めていたことから、施設と同法人の間に不適切な利益誘導があったと判断されたのだ。

本件では消費者保護の観点も強調されている。Aさんは判断能力が低下していた可能性が高く、そのような状況下でNPO法人が高額な契約を締結させたことが問題視された。裁判所は、消費者契約法の趣旨に基づき、高齢者の不安を利用して契約を締結させることが不当であるとし、契約が公序良俗に反すると判断。最終的に裁判所は、死因贈与契約は無効であるとしたのだ。

続発するトラブルと認証制度の導入

身元保証をめぐる〝事件〟はこれだけではない。かつて大きく報道されたのが公益財団法人日本ライフ協会をめぐる事件だ。当時、同協会が高齢者から預かった約2億7400万円もの身元保証のための預託金（契約時に預ける前払金）を職員の賞与や事務所の開設費などに流用していたことが発覚している。本来、弁護士など第三者が預託金を管理する契約方法で公益財団法人の認定を受けていたが、届け出をせずに自ら管理し、不正に使用していたのだ。この問題を受け、理事8人全員が辞任する事態となった。

さらに、2024年3月29日付の中日新聞の報道によると、名古屋市内の身元保証を行うNPO法人が、高齢の姉弟と結んだ死亡後の贈与契約について、親族が「署名が本人のものではない」として訴訟を起こしたという。名古屋地裁は、遺言書と契約書の署名が本人の筆跡と大きく異なることから、契約は無効であると判断した。この裁判官は、姉が死亡4日前に作成した署名が、過去の署名と比べて明らかに違うと指摘したのだ。

そうしたトラブルが昔から全国で頻発しているなか、2024年に静岡市が全国初の取り組みとして身元保証サービス提供事業者の認証制度を導入している。家族がいない高齢者が増加する昨今、身元保証サービスをめぐるトラブルが深刻化している現状に対応するためだ。

静岡市のホームページによると、今回の認証制度は、市内に事業所を持ち、1年以上にわたり身元保証サービスを提供している法人を対象としている。応募可能な事業者は、終活支援を目的とし、生前のサポートや死後の手続きを行う事業者であることが求められる。一方、暴力団と関係がある事業者や風俗営業を行っている法人は応募できない。また、税金を滞納している事業者も対象外となる。

こうした条件をつけた認証制度が、どれだけ不正を阻止できるかは未知数だが、これまで身元保証業者をめぐる問題が放置され続けていたことを考えれば、何もやらないより、こうした制度を設けることの意義は大いにあるだろう。

この制度では、契約のルールや解約時の返金手続き、死後の財産の取り扱いなどに関する基準も設けられており、これらの条件を満たした事業者のみが「優良事業者」として3年間認証される仕組みだ。その後も定期的な審査が行われ、更新制となっている。これにより、利用者は安心してサービスを選択できる環境が整えられるというわけだ。

具体的な事例として、認証を受けた社会福祉法人のサービス内容を紹介してみたい。同法人は、入会金5万円と初期費用20万円を支払うことで、身元保証サービスを提供している。月額5000円の会費で、月1~2回の安否確認や緊急時の連絡先となるサービスも含まれる。入院や施設入所時の身元保証、緊急時の駆けつけなど、家族に代わって高齢者をサポートする体制が整っているとしている。

同法人では、金銭管理は行わないが、必要に応じて専門家と連携し、利用者のニーズに対応しているという。また、死後の手続きに関しては、事前に利用者と詳細を打ち合わせ、費用の見積もりを提示する。葬儀や納骨、遺品整理、親族への連絡など、死後の事務手続きを包括的にサポートするサービスも提供。費用はサービス内容によって異なるが、透明性を確保するために詳細な料金表を公開している。

特筆すべきは、預託金の管理方法である。同法人では、利用者、法人、司法書士の三者で契約を結び、司法書士が専用口座で預託金を管理する仕組みを採用している。これにより、利用者の財産が適切に保全され、不正な流用を防ぐことができるとしている。

財産の〝遺贈〟や〝寄付〟が目当ての業者が存在

身元保証サービスをめぐる問題でよく指摘される点は大きく3つある。

まずは、身元保証サービスに関する法律や規制が整備されていないことだ。各事業者のサービス内容や料金体系は大きく異なっている。利用者が安い料金に惹かれて契約しても、実際のサービスが期待に沿わないケースが多く報告されている。また、サービスの質や内容が統一されていないため、利用者が適切な判断を下すのが難しいのだ。こうした業者のサービス内容などは法や規制により整備されていないことが利用者を惑わす原因の一つになっている。

二番目は、預託金の管理方法に問題がある事業者が存在していること。預託金を信託口座など安全な場所で管理せず、自社の口座で管理している場合、事業者が倒産した際に預託金が失われるリスクがある。前述した日本ライフ協会のように、預託金が不正に流用されるケースも報告されている。

そして三番目が、最も闇深い問題だ。身元保証業者のなかには、死後、会社やNPO法人に財産を遺贈、寄付をしてもらうことを前提として契約しているケースがある。先の司法書士はこう話す。

「財産が身元保証会社に遺贈、寄付されることが前提にあるため、料金を安くできている業者も散見されます。遺贈や寄付をしなければ契約しないとはっきりと言う業者もいれば、契約時には遺贈の話はせず、最終的に遺言書を書かせて遺贈させるよう持っていく業者もある。身元保証業者の本当の目的は〝遺贈〟や〝寄付〟だという業者が一定数いるのです」

会社やNPO法人が直接遺贈を受けるのではなく、契約しているヘルパーに遺贈させることで、会社は遺贈に関与していないように見せかけているケースもあるのだ。

このような〝グレー〟な業者は表面化しにくい問題もある。また、身元保証業者が利用者の意思を尊重せず、自分たちの利益を優先するリスクもあるという。

例えば、利用者が高額な医療費を伴う治療を望んでも、身元保証業者が「そんな高い治療費を払えないから」という理由で、治療を拒否する可能性も否定できない。なぜなら、遺贈や寄付を目的としている身元保証会社の場合、利用者の財産が減れば、自分たちに遺贈される金額が減るからだ。先に記したとおり、身元保証会社と利用者の間に利益相反が生じることが多々あり、それは決して透明性の高い健全な事業とはいえないだろう。

「単身」「身寄りなし」の高齢者が狙われる

内閣府が公表している「令和5年版高齢社会白書」によると、65歳以上の一人暮らしの者は男女ともに増加傾向にある。2022年には65歳以上の男女それぞれの人口に占める割合は男性15・0%、女性22・1%となっている。いわゆる〝お一人様〟〝身寄りなし〟といわれる人が増え、それに伴って、身元保証業者も増加傾向になることとは言うまでもない。

高齢で単身になるケースはさまざまで、結婚をしない人、配偶者に先立たれた人、離婚をした人など事情はそれぞれだ。そうした単身者に保証人がいなかった場合、入院すらできないケースは多い。厚労省はこれまで、病院・介護保険施設が身元保証人等のいないことのみを理由に、入院・入所等を拒んだりすることのないよう措置を講じてきたものの、現実は身元保証を求められる例のほうが多いのだ。

先の司法書士はこう話す。

「病院や介護施設が何のために保証人を求めているかといえば、最も大きな理由が緊急連絡先を把握しておきたいからです。容体が急変した、亡くなったなどした場合、判断を求めたり、遺体を引き取りに来てもらう人がいないと困るからです」

そうした背景から、高齢者を対象とした身元保証や日常生活の支援、死後事務等を行う「高齢者サポートサービス」が広まってきているのは、ある意味時代の要請でもある。

ただし、トラブルも急増していることは前述のとおりだ。

国民生活センターの報告によると、２０１３年度から18年度にかけて、身元保証等高齢者サポートサービスに関する相談件数は増加傾向にあるという。２０１３年度には85件だった相談が、２０１５年度には１７７件と倍増。具体的にどのような相談が寄せられているのか、国民生活センターはホームページや報道機関向けに公表している。その事例を見てみよう。

事例1：契約内容がよくわからない

80代の男性が一人暮らしをしており、高齢になったため将来の入院やアパートへの入居に不安を感じていた。福祉サービスの窓口に相談したところ、身元保証などのサポートサービスを提供する事業者を紹介された。事業者から詳しい説明を受け、そのまま申し込みを行った。しかし、入会金や身元保証支援費などで約40万円の費用がかかり、月会費も３０００円必要であった。契約後に具体的なサービス内容や料金についてよく考えてみると、自分が何を契約したのか、どのようなサービスを受けられるのか理解できていないことに気付いた。高額な費用に不安を感じ、解約できるかどうか悩んでいる。

事例2：思ったより高額な契約になった

80代の義母が他県の介護施設に入居しており、役所への手続きに付き添いが必要となった。義母の担当ケアマネから、「付き添いのサポートが1時間３０００円で受けられる」という話を聞き、自分が同伴することが難しいため、そのサポートを行う事業者に問い合わせた。

事業者からは「サービスを受ける本人が契約を行い、家族が立ち会う必要がある。難しければ司法書士に立ち会ってもらうこともできる。入会金が10万円、司法書士への依頼料が2万5000円かかる」と説明された。後日、事業者から「手続きが済んだ」と連絡があった際に、「月額1万円で身元保証サービスをつけないと24時間サポートはできない。みんなつけている」と勧められ、身元保証の契約も追加した。その後、契約書類が届き、入会金や諸費用で総額約30万円かかることが判明した。毎月1万円を長期的に支払うことを考えると、費用の負担が大きく、解約を検討している。

事例3：預託金の詳細な説明がない

60代の女性が頼れる親族がいないなか、知人の紹介で身元保証サービスや死後の事務手続きなどを代行する事業者と契約した。契約時に一定の費用を支払ったが、その後、預託金として追加で100万円を支払うように求められた。

契約内容や預託金の用途について詳細な説明がなく、不安を感じて支払いを躊躇していたところ、担当者から「明日どうなるかわからない。一刻も早く預託金を支払うように」と急かされた。説明がないまま高額な支払いを求められ、困惑している。

事例4：契約するつもりのなかったサービス

一人暮らしの80代の女性が、老人ホームに入居することになった。入居に際して身元保証が必要と言われ、事業者の身元保証サービスを勧められた。後日、入居予定の老人ホームで事業者の担当者から長時間にわたって説明を受けたが、内容を理解できないまま契約し、担当者に100万円を支払った。

後になって契約書類を確認すると、生活支援サービスや葬儀サービスなど、自分が契約するつもりのなかったサービスが含まれていることに気付いた。身元保証以外のサービスを解約できるか悩んでいる。

事例5：約束されたサービスが提供されない

70代の女性が、入居していた老人ホームから高齢者住宅に転居することになった。身元保証人がいないため転居できず、知人に勧められて身元保証サービスや死後事務支援などを行う事業者と契約した。事業者からは「定期的な安否確認を行い、緊急時の対応もスムーズにできる」と説明され、140万円を支払って契約した。しかし、契約から1年ほど経っても定期的な安否確認がなく、緊急対応に必要な書類も作成されていなかった。

事業者に不信感を抱き、解約を申し出たところ、返金額についての説明もなく、50万円だけが振り込まれた。十分なサービスを受けていないにもかかわらず、この対応には納得できない。

高齢者のなかには契約内容や法律的な知識に乏しい人もおり、それを悪用する事業者が存在することが問題の根底にある。とくに、一人暮らしで相談相手がいない高齢者は、事業者の言葉をそのまま信じ、高額な契約を結んでしまう傾向がある。

　前出の司法書士が続ける。

「最近では多くの事業者やＮＰＯ法人が身元保証事業の広告を展開しています。信頼できる終活会社ナンバーワンに選ばれたとか、民間の調査で優れた身元保証会社の５冠に輝いた会社だと、自社を宣伝しているケースもありますが、逆に胡散臭《うさんくさ》く感じます。そうした業者の話を鵜呑《うの》みにすべきではありません。また、『うちは認定ＮＰＯ法人だから安心』と言って高齢者を信用させる手口もあります。そもそもＮＰＯ法人が認定されていることと、優れた身元保証事業を行っているかは全く別な話です。○○協会、○○センターなど、公的な機関を連想させる法人名をつけて、『うちは○○センターだから安心』などと語る業者には注意したほうがいい。それから、ことさら不安を煽《あお》って、身元保証がその不安を解消できるというストーリーをでっち上げ契約につなげる業者も多い。情報に疎い高齢者を騙す悪徳事業者がだいぶ紛れ込んでいる業界と言えます」

試しに、いくつかの身元保証事業を行っている会社のホームページを見てみた。すると無料を謳う会社から200万円程度まで、実にさまざまな料金体系がある。無料を謳う業者のなかには、遺言書を書くことが契約の条件だと記されていたところもあった。また格安だと宣伝している業者は、「本業で別な事業を展開しているために、そこで利益を出しているので格安が実現している」という趣旨のことが書かれていたが、本当だろうか。

他にも、「身元保証は格安で行うが、身元保証だけの契約はできない」などと、オプションをつけないと契約しないなどという業者もある。いろいろとオプションをつけると高額になることは言うまでもない。行政書士や弁護士などと強固なネットワークを結んでいるから、うちは倒産のリスクが少ないと謳っている業者もあったが、デタラメな宣伝文句にしか聞こえない。

あるソーシャルワーカーを取材した際、「私は、まともな身元保証会社を一度も見たことがありません」と断言していたほど、いかがわしい業者が業界内に多く紛れ込んでいるといえるのだろう。

国民生活センターでは、高齢者サポートサービスを契約する際のアドバイスとして、まず自分の希望をしっかりと伝え、サービス内容や料金をよく確認することを挙げている。提供されるサービスの内容や条件、料金体系を理解し、不明な点は事業者に質問し、納得するまで契約を進めないことが重要だ。

おわりに

知人に勧められて東京・東中野にある小さな映画館に足を運んだのは2024年9月のこと。『あなたのおみとり』(村上浩康監督)という映画を観るためだ。タイトルから想像できるとおり、看取りを題材にしたドキュメンタリー映画である。

地方で暮らす末期がんの夫と、その夫を介護する妻の物語だ。一見すると、ありがちなストーリーにも思えるが、この作品が異色なのは映画監督がこの夫婦の息子という点だ。取材対象者が親であるがゆえに、被写体と取材者の距離がきわめて近く、映し出される一つひとつのシーンがとにかく力強い。映画では、父親が介護されながら衰弱していく様子や死の瞬間、そしてご遺体になった後までを克明に記録している。

それ以上に心を打たれたのが、夫を支え続けた妻の優しさ、強さ、葛藤、弱さ、戸惑いが余すことなく伝えられていたことだ。そして父親の介護を手伝う介護職など、多くの人々が一人の人間の最期に関わっている姿を見て胸が熱くなった。

「看取りや介護は、残された家族や関係者たちが人間の死と向き合い、未来に進むためにも大切なことです」

これまでの取材で出会った何人かが、そんな話をしていたことを、この映画を観ながら思い出していた。同時に、この映画の家族のように感動的な最期を迎えられない人が日本に多くいることも頭をよぎった。


人間は、相互に依存し合う関係のなかで暮らす生き物だ。幼少期、老年期、病気のときなど、生涯を通じて完全に自立して生きることは不可能である。人間だけでなく、群れや家族を単位としている生き物は、仲間を助けることで群れ全体の生存確率を高めていることが多い。そういう意味でも、介護とは、人間という種全体の生存戦略の一つではないかと思うのだ。

ところが今、人間が相互に依存し合う社会システムが崩れ始めている。詳しくは本書に記したとおりだが、もう「介護なんて自分には関係ない話」などと言ってはいられない現実がすでに迫っている。

本書では、介護に関連する事件から、制度の落とし穴、これまでタブー視されてきた死やお金の話などを中心に、関係者の証言をもとにまとめたものだ。もちろん、「うちの施設は、ここまで酷い状況ではない」という介護関係者もいるだろう。ただ、こうした介護の影に潜む問題は現実にさまざまな場所で起きている。そうした〝最悪の状況〟が現実に存在しているということを少しでも多くの方に知っていただきたいとの思いで、取材したことを本書に記した。

この本を執筆するにあたり、多くの関係者にご協力いただいた。介護関係者や法曹関係者、新聞記者など、かつて取材でお世話になった方に連絡をし、再び同じような話を聞かせてもらったこともある。そうした方々をはじめ、出版にあたって大変お世話になった宝島社書籍局の宮川亨氏に深く御礼を申し上げる。

2025年4月

甚野博則

甚野博則（じんの・ひろのり）
1973年生まれ。ノンフィクションライター。大学卒業後、大手電機メーカーや出版社などを経て2006年から『週刊文春』記者に。「『甘利明大臣事務所に賄賂1200万円を渡した』実名告発」などの記事で「編集者が選ぶ雑誌ジャーナリズム賞」のスクープ賞を2度受賞。現在はフリーランスのノンフィクションライターとして、週刊誌や月刊誌を中心に社会ニュースやルポルタージュなどの記事を執筆。近著に『実録ルポ 介護の裏』（文藝春秋）、『ルポ 超高級老人ホーム』（ダイヤモンド社）がある。

宝島社新書

衝撃ルポ 介護大崩壊
お金があっても安心できない！
（しょうげきるぽ かいごだいほうかい
おかねがあってもあんしんできない！）

2025年5月9日　第1刷発行

著　者　甚野博則
発行人　関川　誠
発行所　株式会社　宝島社
〒102-8388 東京都千代田区一番町25番地
電話：営業　03(3234)4621
　　　編集　03(3239)0927
https://tkj.jp
印刷・製本：中央精版印刷株式会社

ISBN 978-4-299-06221-5